中国“双创”金融指数报告

（2019）

中国（深圳）综合开发研究院◎主编

China Entrepreneurship & Innovation Finance Index Report

（2019）

中国经济出版社
CHINA ECONOMIC PUBLISHING HOUSE
北 京

图书在版编目（CIP）数据

中国“双创”金融指数报告（2019）/ 中国（深圳）综合开发研究院 主编.
—北京：中国经济出版社，2019. 8
ISBN 978-7-5136-5719-8
Ⅰ. ①中… Ⅱ. ①中… Ⅲ. ①金融事业—研究报告—中国—2019 Ⅳ. ①F832
中国版本图书馆 CIP 数据核字（2019）第 108127 号

责任编辑 赵静宜
责任印制 巢新强
封面设计 久品轩

出版发行 中国经济出版社
印 刷 者 北京九州迅驰传媒文化有限公司
经 销 者 各地新华书店
开　　本 710mm×1000mm 1/16
印　　张 10. 75
字　　数 130 千字
版　　次 2019 年 8 月第 1 版
印　　次 2019 年 8 月第 1 次
定　　价 58. 00 元
广告经营许可证 京西工商广字第 8179 号

中国经济出版社 **网址** www. economyph. com **社址** 北京市西城区百万庄北街 3 号 **邮编** 100037

本版图书如存在印装质量问题，请与本社发行中心联系调换（联系电话：010-68330607）

编委会成员

序　言

国内外发展经验均表明，金融是创新创业最大的“生态”保障，有效的金融制度安排和创新的金融服务手段是创新创业迅速发展的关键因素，“双创”金融的发展在一定程度上体现了创新创业的活力、动力和潜力。

伴随着《关于推动创新创业高质量发展 打造“双创”升级版的意见》的发布，我国“双创”事业将迎来新一轮发展高潮，对“双创”金融服务的供给和服务也提出了更高的要求。为了能客观全面地反映国内各地金融服务支持“双创”活动的实际状况，我们于2017年研究推出了“中国‘双创’金融指数”，取得了不错的反响。

2019年是“中国‘双创’金融指数”推出以来第3次发布，本期指数引入了“双创”金融政策评估，对国内31个金融中心在金融服务“双创”方面的相关引导政策做了全面评价，希望可以为国内各地“双创”金融创新发展提供一定的借鉴和启示。

我们希望那些正在脱颖而出的城市继续保持良好态势，那些发展相对落后的城市能够奋起直追，共同打造一批全球瞩目的创新创业热土，催生大规模可持续创造财富的活动，助力中华民族的伟大复兴。

是为序。

2019 年 5 月于深圳

目　录

第一章 总 论

1.1 背景分析

2018年以来，我国“双创”事业发展态势总体良好，创新创业成效显著。全社会创新创业持续向更大范围、更高层次和更深程度推进，实现了由局部到整体、由个案到常态的跨越，创新创业已经成为推动经济增长、促进转型升级以及稳定就业的重要支撑力量。

（1）全民创业热情持续高涨。2018年，市场主体总量达到创纪录的1.1亿户；全年新增市场主体2150万户，同比增长11.7%，日均新增5.9万户；其中，全年新增企业主体670万户，日均新设企业超过1.8万户，年末企业数达到了3474万户。按照年末全国总人口计算，平均每百人拥有市场主体将近8户，每40个人中就有1人创办企业。

（2）社会创新能力持续提升。2018年，全国R&D经费支出19657亿元，比上年同比增长11.6%，研发支出强度达到2.18%，R&D经费支出已经超过欧盟15国平均水平。年末研发人员总量预计达到418万人，研发人员总量居世界第一。国际论文被引用次数排名继续保持全球第2，其中“高被引”论文数全球排名第3，占世界总量的17.0%，数量较2017年增加了23.3%。英国《自然》增刊——《2018自然指数——科研城市》研究显示，我国有10座城市进入全球科研城市50

强，其中北京位居全球第 1。

（3）知识产权保护得到强化。国家连续出台了知识产权和技术转移的相关鼓励政策，专利发展和科技成果转化环境日益完善。2018 年，我国商标注册申请量达到 737.1 万件，商标注册量 500.7 万件；全国发明专利申请量为 154.2 万件，发明专利授权量 43.2 万件，发明专利申请量和授权量均居世界首位。我国有专利申请的企业较上年新增 6.0 万家，对国内发明专利申请量增长的贡献率达到 73.2%。

（4）创业带动就业的能力显现。2018 年，全国各地普遍加大了创业带动就业的政策力度，创业带动就业的能力持续增强。北京、上海、深圳、成都、杭州等地方相继制定出台了促进创业的相关扶持政策，通过降费减税、融资支持、资金补贴等方式促进以创业带动就业。截至 2018 年底，我国城镇新增就业 1361 万人，完成全年目标的 123.7%，创历史新高，连续第六年超过 1300 万人。其中，城镇私营企业和个体工商户就业人数同比分别增长 5.7%和 6.7%，高于城镇就业人员增速 3.4 和 4.4 个百分点。随着创业企业持续增长，就业岗位越来越多，创业带动就业的倍增效应持续显现。

（5）“双创”营商环境持续改善。2018 年，我国延续了“放管服”改革以来持续改善的势头，全国各地政府深入推进“互联网+政务服务”，推进企业投资项目承诺制等试点，市场营商环境得到稳步改善和优化。特别是在针对中小微企业发展方面，我国各地进一步破除各种不合理门槛和限制，在市场准入、审批许可、招标投标、军民融合发展等方面最大程度打造公平竞争环境。根据世界银行最新发布的《2019 年营商环境报告》，我国营商环境排名全球第 46 位，竞争力排名较上一年上升了 32 位，是营商环境改善最大的经济体之一。

（6）金融服务“双创”持续增强。随着“双创”事业的持续升温，

“双创”活动的金融服务需求持续增大。为此，全国各地政府相继出台制定了有关金融支持创新创业的鼓励支持措施，取得了显著的成效。2018年，创业板市场全年新增上市公司29家，全年累计发行筹资986亿元，累计成交金额达到15.89万亿元。新三板市场年末挂牌企业总数达到10691家，全年共完成1402次股票发行，实现融资604亿元。在中国证券投资基金业协会登记备案的私募股权投资机构达到1.45万家，较上一年新增1584家，基金管理规模达到8.91万亿元。值得注意的是，私募股权投资机构服务实体经济的成效十分突出。截至2018年末，私募基金累计投资于境内未上市未挂牌企业股权、新三板企业股权和再融资项目数量达10.01万个，为实体经济形成股权资本金5.57万亿元。

（7）“双创”扶持政策持续加码。2018年9月，国务院发布实施了《关于推动创新创业高质量发展打造“双创”升级版的意见》（以下简称《意见》），对“双创”事业的支持进一步增强。根据《意见》，政府将进一步优化创新创业的营商环境、加大财税政策支持、推动科技创新支撑能力升级、提升平台服务水平、完善“双创”金融服务等政策，确保政策落实，从而更好促进“双创”事业发展。与此同时，创新创业成效较突出的如深圳、成都、杭州等地方政府，也相继出台了一系列引导支持政策，进一步加码扶持力度。

（8）“双创”舆论氛围持续向好。2018年，全国各地竞相举办有关创新创业的赛事、会议、展览、论坛等活动，极大地促进了“双创”事业的宣传和引导。在成都，成功举办了以“高水平‘双创’，高质量发展”为主题的2018年全国“双创”活动周，超过180万人次参与成都主会场活动。在深圳，成功举办了第四届深圳国际创客周，吸引了近十万观众前来体验创客文化。在江西共青城，成功举办了第五届“创青春”中国青年创新创业大赛全国总决赛，大赛累计吸引了6088个创业项目、3 万创业青年参赛。在全国 120 家“双创”示范基地累计举办近 2400 场“创响中国”系列活动，直接参与人数近 100 万。

在看到创新创业事业取得突出成效的同时，我们也注意到过程中依然存在一些痛点、难点和堵点，特别是民营和小微企业融资方面的问题尚未有效缓解。“双创”事业要想发展的好，离不开金融的支持。国内外发展经验均表明，金融业是创新创业最大的“生态”，有效的金融制度安排和创新的金融服务手段是创新创业迅速发展的关键因素。为此，李克强总理在历年政府工作报告中均强调，要改革完善金融支持机制，着力缓解企业融资难、融资贵问题。

展望 2019 年，我们需要更加重视金融的服务支持，切实打通政策落实的“最后一公里”。可以预计，构建一站式的“双创”金融服务生态以及差异化的金融支持政策，将成为各地“双创”事业蓬勃发展并脱颖而出的关键，期待各地方政府在引导金融支持“双创”发展方面能涌现出更多的成功案例和创新经验，更好地为创新创业事业提供全流程多样化的金融服务。

1.2 本期主要结论

本期中国“双创”金融指数核心观点如下：

（1）京深沪继续引领中国“双创”金融发展，但增长势头放缓。第 3 期中国“双创”金融指数综合排名的结果依次是北京、深圳、上海、广州、成都、杭州、苏州、重庆、南京、西安、天津、武汉、宁波、郑州、长沙、合肥、青岛、厦门、无锡、济南、大连、沈阳、福州、温州、石家庄、南昌、昆明、南宁、长春、哈尔滨和乌鲁木齐。本期得分增长最显著的前三甲分别是成都、西安和北京。其中，成都本期综合得分增长排名第 1，凭借连续两年的快速增长，成都以小幅得分优势反超杭州，并一举拉近了同广州之间的分差，排名全国第 5。西安则是上期得分增长冠军，本期以得分增长亚军的身份实现快速崛起，首次跻身全国十强行列。

表 1.2.1 第 3 期中国“双创”金融指数评价结果

城市	综合指数		“双创”金融机构		“双创”金融服务		“双创”金融绩效		“双创”金融政策		“双创”金融生态	
	得分	排名	得分	排名	得分	排名	得分	排名	得分	排名	得分	排名
北京	127.75	1	37.18	1	36.35	1	16.89	1	7.25	3	30.09	1
深圳	88.30	2	22.05	3	17.74	3	13.23	2	7.74	2	27.54	2
上海	84.70	3	27.20	2	18.96	2	7.83	3	5.42	6	25.28	3
广州	49.78	4	6.12	6	8.79	8	6.26	4	5.92	4	22.69	4
成都	49.58	5	5.91	7	11.02	6	3.30	7	7.79	1	21.56	5
杭州	48.83	6	10.10	4	11.94	5	5.44	5	4.66	11	16.69	8
苏州	39.89	7	5.42	11	12.77	4	2.66	12	5.06	9	13.98	9
重庆	36.30	8	5.57	9	8.01	10	2.15	15	3.49	24	17.07	7
南京	36.00	9	5.70	8	9.14	7	2.68	11	5.26	8	13.23	11
西安	35.71	10	3.69	15	4.96	20	2.07	17	3.78	20	21.20	6
天津	31.57	11	6.63	5	8.05	9	2.10	16	3.00	26	11.79	15
武汉	30.17	12	5.46	10	5.87	14	3.68	6	2.99	27	12.18	13
宁波	28.76	13	4.11	12	7.36	12	2.75	9	4.50	12	10.03	19
郑州	28.38	14	2.90	21	4.35	25	2.43	13	4.97	10	13.74	10
长沙	27.73	15	3.72	14	5.12	19	3.28	8	4.49	13	11.11	16
合肥	27.16	16	3.42	20	6.36	13	1.39	21	4.06	15	11.93	14
青岛	26.78	17	2.80	24	5.56	15	2.19	14	3.54	23	12.71	12
厦门	26.32	18	2.55	26	5.22	17	2.71	10	5.40	7	10.43	18
无锡	24.41	19	2.81	23	7.86	11	1.78	19	4.10	14	7.86	23
济南	23.14	20	2.40	27	5.19	18	1.07	25	3.70	21	10.79	17

续表

城市	综合指数		“双创”金融机构		“双创”金融服务		“双创”金融绩效		“双创”金融政策		“双创”金融生态	
	得分	排名	得分	排名	得分	排名	得分	排名	得分	排名	得分	排名
大连	22.57	21	3.45	18	4.75	21	1.19	24	5.44	5	7.73	24
沈阳	22.46	22	3.45	19	4.47	23	1.67	20	4.00	17	8.86	20
福州	20.82	23	3.69	16	4.65	22	1.38	22	3.68	22	7.42	26
温州	20.56	24	2.84	22	5.34	16	0.92	26	3.88	19	7.58	25
石家庄	20.48	25	2.58	25	4.42	24	0.81	27	3.94	18	8.72	21
南昌	17.70	26	1.50	31	4.26	27	1.35	23	4.05	16	6.54	28
昆明	17.61	27	3.83	13	4.10	29	0.56	31	2.54	28	6.58	27
南宁	17.60	28	2.00	29	4.16	28	1.93	18	3.34	25	6.18	29
长春	16.64	29	3.56	17	3.82	30	0.79	28	2.29	29	6.17	30
哈尔滨	16.50	30	2.36	28	3.25	31	0.68	29	2.14	30	8.08	22
乌鲁木齐	12.19	31	1.95	30	4.31	26	0.66	30	1.72	31	3.54	31

北京、深圳和上海继续稳固“双创”金融发展领先地位优势，无论是金融支持“双创”的力度和广度，还是自身所具备的“双创”基础和实力，三者均是国内城市的发展标杆，得分上遥遥领先其他城市。短时间内领先地位难以被撼动。

不过，在经历了2017年的快速增长之后，2018年国内各城市“双创”金融发展势头有所放缓，特别是排名领先的一线城市。其中，深圳和上海出现综合得分下降情况。原因一方面在于，2018年国内股票市场IPO显著放缓，上一年在创业板、新三板等市场取得上市挂牌佳绩的城市，本期在“双创”金融绩效等指标方面出现跳水，导致得分显著减少。另一方面，则是创新创业活动在经历了2017年爆发式增长之后，持续受到中美贸易摩擦、我国宏观经济转型调整等影响，创新创业活跃度较上一年有所回落，导致“双创”金融生态得分有所回落。

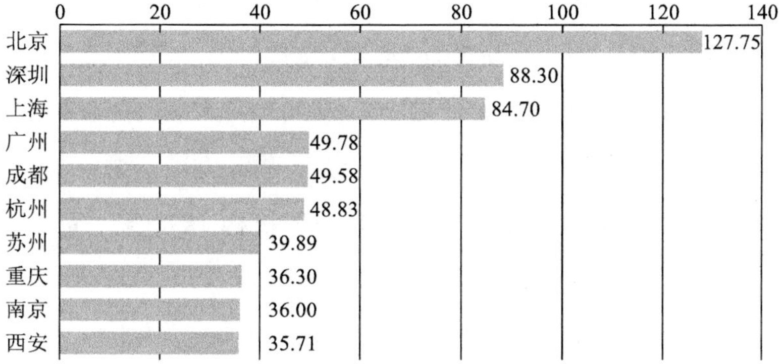

图 1.2.1　第 3 期 IEFI 综合排名十强

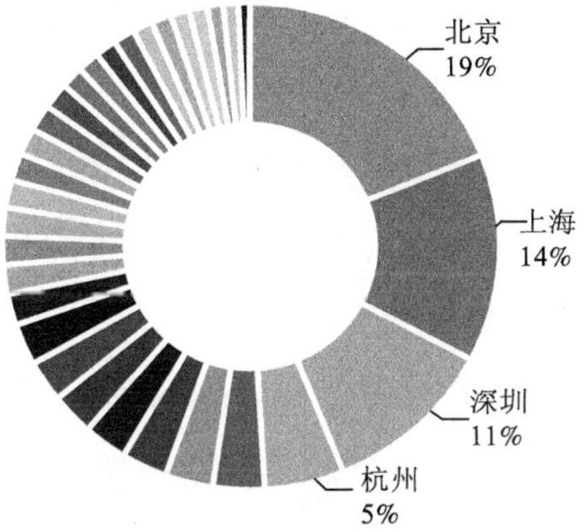

图 1.2.2　“双创”金融机构分项得分分布示意

（2）“双创”金融发展地域不均衡，资源加速向京沪深等沿海集聚。“双创”金融发展水平和资源集聚与地区经济实力有十分显著的关系，领先地区也是我国经济发展活力最具代表性的地区，综合榜单排名前十中有七个城市是来自我国沿海经济发达区域，而来自内陆地区的成都、重庆和西安也是各自所在区域的发展龙头。“双创”金融资源的集聚，反映到机构上就特别明显。本期指数“双创”金融机构的分项排名前十强依次是北京、上海、深圳、杭州、天津、广州、成都、南京、重庆和武汉。其中，分项榜单排名前四的城市，所集聚的私募股权机构以及地方金融服务机构资源，大约占31个城市总量的将近一半。

与此同时，私募股权投资机构加速向京沪深等地集聚，三者共集聚了国内一半以上的机构。北京和深圳在保持榜单前三的情况下，在本期该分项得分增长保持最快。除此之外，杭州形成私募股权机构集聚规模，是国内少数几个具备较强争夺“双创”金融机构资源能力的城市。截至2018年底，杭州拥有各类私募股权投资机构1598家，资金管理规模合计896亿美元，数量和规模均排名全国第4。

（3）债权融资仍是满足“双创”主体金融服务需求的主要渠道。本期指数“双创”金融服务的分项排名前十强依次是北京、上海、深圳、苏州、杭州、成都、南京、广州、天津和重庆。31个城市中绝大多数在“双创”金融服务得分方面保持正增长，仅6个城市的得分出现降低情况。苏州和成都是本期分项得分增长最多的两个城市，两者一举跻身分项前十行列，分别排名全国第4和第6。2018年，苏州和成都的并购服务有了大幅度增长。

依托银行小微信贷服务体系，31个城市通过政策引导、财政放大的方式，对“双创”活动的金融服务需求给予了一定的满足，使得该分项的得分差异性相对不那么显著。在面向本地“双创”活动主体的金融服务支持上，北京、上海、深圳、苏州、杭州和成都是少数几个股权类融资比重超过一半以上的城市。相对来说，其他25个城市对“双创”活动主体融资服务需求的支持，主要依赖债权融资服务。这25个城市分项得分一半以上是债权融资服务贡献的，绝大多数城市所能提供的股权融资和并购服务微乎其微，远远无法满足本地“双创”事业发展的金融需求。

（4）区域股权交易市场是提升本地“双创”金融绩效的重要途径。本期指数“双创”金融绩效分项排名前十强依次是北京、深圳、上海、广州、杭州、武汉、成都、长沙、宁波和厦门。与上期相比，宁波首次进入十强榜单，南京则跌至第 11 名。受 2018 年国内资本市场调控影响，创业板、新三板等上市挂牌公司年度新增数量大幅减少，本期仅 4 个城市得分实现正增长，其他 27 个城市均处于负增长状态。本期分项排名提升最大的是郑州，排名上升 5 个名次，升至全国第 13 名。郑州逆市上扬的主要原因在于 2018 年其在区域股权市场挂牌的企业数量有十分显著的增长。绝大多数城市的“双创”金融绩效依赖区域股权市场的发展成效，创业板上市和新三板挂牌的机会相对较少，对“双创”企业来说更是如此。31 个城市中有 19 个城市该分项得分的一半以上贡献来自区域股权市场企业挂牌产生的绩效。

（5）“双创”金融政策支持力度越大，本地创新创业活跃程度越高。“双创”金融政策是本期新引入的评价维度，本期指数“双创”金融政策分项排名前十强依次是成都、深圳、北京、广州、大连、上海、厦门、南京、苏州和郑州。其中，成都的政策支持力度排名第 1，深圳和北京紧随其后，三者几乎处于同一水平，是国内利用政策引导金融支持“双创”发展的代表城市。从各城市“双创”金融政策支持力度评分与创新创业活跃度的相关分析来看，“双创”金融政策支持力度越大，对创新创业活跃度带来的支持效应就会越显著。具体来看，当前创新创业有着活跃表现的城市，如北京、深圳、成都、广州等，其“双创”金融政策的支持力度均是十分大的。不过，值得注意的是，“双创”金融政策的支持效应存在一定的滞后性。成都、大连、厦门、南京、郑州等城市，尽管其政策支持力度评分十分靠前，但由于多数政策实施时间不长，当前政策所应带来的支持效果还未完全显现，预计未来“双创”事业还将有巨大的成长空间。

（6）“双创”金融生态普遍得到改善，前三甲领先优势不再突出。

本期指数“双创”金融生态分项排名前十强依次是北京、深圳、上海、广州、成都、西安、重庆、杭州、苏州和郑州。31个城市的“双创”金融生态环境在过去一年取得了较好的改善和优化，21个城市实现正增长状态，10个城市的得分出现小幅减少情况。西安和成都是“双创”金融生态优化改善最为显著的城市，本期得分增幅超过了50%。除此之外，成都、广州、重庆和郑州也有显著的得分增长，是“双创”金融生态营造方面的佼佼者。北京首次超过深圳，排名第1，深圳、上海紧随其后，但三者领先第4名的分差优势已由上期的7.6分减至2.6分。

（7）首次评选“双创”金融单项十佳榜单，京深穗杭蓉进入全部6个单项十佳。本期还根据IEFI评价结果对31个城市在“双创”金融发展的特色亮点做了一个梳理和总结，在社会关注度高的重点领域评选出一系列十佳城市。其中，北京、深圳、广州、杭州和成都，进入所有6项十佳榜单。本期六个领域的十佳城市完整榜单如下：①股权投资实力十佳城市分别是北京、上海、深圳、杭州、苏州、广州、宁波、天津、成都和南京。②股权融资规模十佳城市分别是北京、上海、深圳、苏州、杭州、成都、广州、南京、天津和无锡。③企业上市挂牌十佳城市分别是北京、深圳、上海、广州、杭州、武汉、长沙、成都、厦门和宁波。④政策支持力度十佳城市分别是北京、深圳、上海、广州、杭州、武汉、长沙、成都、厦门和宁波。⑤创新创业活跃十佳城市分别是北京、深圳、上海、西安、广州、成都、重庆、杭州、苏州和青岛。⑥创新创业人才十佳城市分别是广州、成都、重庆、郑州、深圳、西安、武汉、杭州、北京和长沙。

（8）成都“双创”金融排名升至全国第5，发展案例特色鲜明。本期成都得分增长在31个城市中排名第1，连续两年保持快速增长，一举拉近了同领先城市之间的分差，全国排名上升到第5，在9个国家中心城市中排名第4，在15个副省级城市中排名第3，位居中西部地区排名第1。作为继北、上、深、广之后“双创”金融发展和支持水平最具代表性的城市，成都的成功经验在国内具有较强的代表性和借鉴意义。总结成都发展的特色和亮点，最重要的一点就是，政府在推进政策支持和打造金融服务平台方面不遗余力，通过整合资源打造五大中小微企业融资服务平台和两大金融生态保障平台（成都交子金融“5+2”平台），在全国率先探索构建了体系化、综合性、一站式的中小微企业创新创业投融资服务体系，在很大程度上满足了各类创新创业活动的金融服务需求。

1.3 指数研究框架

中国“双创”金融指数（Innovator and Entrepreneur Finance Index，IEFI）是在“CDI 中国金融中心指数”（China Financial Center Index，CFCI）结论基础上，综合运用产业发展、金融发展和城市发展等方面理论，充分考虑我国城市统计数据特征，并听取、借鉴大量来自政府部门和金融机构专业人士意见后，形成的一个目前适用于国内各城市“双创”金融发展状况评价的动态评估指标体系。

1.3.1 指标设计原则

为体现“双创”金融的全新内涵和外延特征，评价指标客观反映“双创”金融发展水平，中国“双创”金融指数指标体系设计遵循以下原则：

- 导向性原则。指标体系要充分发挥导向和引领作用，引导金融机构、投资者、资本更多地支持创新创业活动，引导“双创”金融规范发展、创新发展、持续健康发展。

- 前瞻性原则。评价指标体系要立足开阔视野，着眼长远发展，可体现“双创”金融未来可能出现的新业务、新主体、新工具、新市场和新业态。

- 开放性原则。评价指标体系要保持动态性和开放性，根据行业发展的新情况、新特征的变化，及时对指标体系进行补充、完善和修订。

- 可得性原则。评价指标体系要具有代表性和公正性，尽量使用可采集、可鉴别、可比较的指标，指标数据为可获得的公开数据或第三方数据。

- 科学性原则。评价指标选取均要有科学依据，指标定义准确，对指标的计算、涵义、来源有十分明确的规定，指标与指标之间的相关性和稳定性同时符合统计科学的要求。

1.3.2　指标体系构成

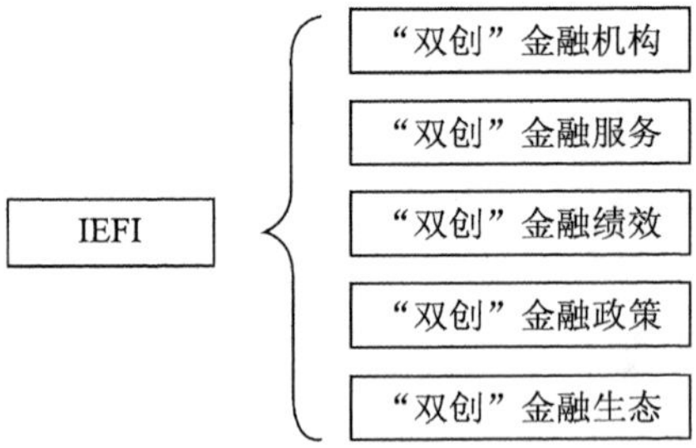

图 1.3.1　中国“双创”金融指数一级指标体系

中国“双创”金融指数（Innovator and Entrepreneur Finance Index，IEFI）根据创新创业活动的金融需求特点，从“双创”金融机构、“双创”金融服务、“双创”金融绩效、“双创”金融政策和“双创”金融生态等五个维度构建起指数评价体系。本期 IEFI 指标体系较上期做了较大的升级调整，增加了“双创”金融政策这一评估维度，同时将“双创”金融市场维度的评价指标调整为“双创”金融绩效维度的相关评价指标。

（1）“双创”金融机构。该项下指标主要用于评估和反映一个城市金融支持“双创”活动的金融市场主体多元性和规模化发展水平，涵盖了 5 个方面共计 12 项客观指标。与上期相比，本期剔除了与互联网金融机构有关的两项指标，主要是基于当前相关行业统计数据缺失以及对“双创”活动的支持影响力不足的现实。

（2）“双创”金融服务。该项下指标主要用以评价和反映一个城市的金融行业对“双创”活动的服务和支持情况，包含 3 个方面共计 9 项客观指标。与上期相比，本期调整优化了其中 1 项指标，删去“中小企业私募债”这一指标项，新增“一般贷款平均利率”这一指标项。

（3）“双创”金融绩效。该项下指标主要通过各城市在全国性或地方性金融市场的上市挂牌表现，来反映本地区金融支持“双创”活动的直接成果体现，包含 4 个方面共计 10 项客观指标。与上期相比，本期新增了“双创”成果这一维度项共 2 项指标。

（4）“双创”金融政策。本期新增该项评价维度，通过引入三组共计 13 项主观指标，综合评价“双创”金融机构发展扶持政策、“双创”金融服务引导支持政策、“双创”金融生态优化促进政策等方面，用以突出反映各地区在引导和促进金融支持“双创”活动方面的政策扶持力度。

（5）“双创”金融生态。该项下指标既是用以反映一个地区在发展“双创”金融这项特定金融活动时所具备的外部基础，包括创新创业活跃度、“双创”人才支撑、金融中介服务等 4 个方面共计 13 项客观指标。

按照以上设计原则，经反复研究、讨论和检验，构成中国“双创”金融指数指标体系的 19 组共 57 个指标（如表 1. 3. 1 所示，详细指标说明参见附录一）。

表 1. 3. 1　IEFI 指标体系

一级指标	二级指标	三级指标
“双创”金融机构	天使投资机构	机构数量、管理资金规模
	VC 机构	机构数量、管理资金规模
	PE 机构	机构数量、管理资金规模
	银行类机构	商业银行支行数、新型民营银行数、新型民营银行规模
	地方金融服务机构	融资担保机构数、小额贷款机构数、融资租赁机构数
“双创”金融服务	股权融资	年度股权投资案例数、年度股权投资融资规模、年度境内股票市场融资规模
	并购服务	年度并购案例数、年度并购规模
	债券融资	银行小微企业贷款余额、小微企业贷款余额占社会贷款余额比重、小额贷款公司贷款余额、一般贷款平均利率
“双创”金融绩效	创业板市场	上市公司数、年度新增上市数、上市公司总市值
	新三板市场	挂牌公司数、年度新增挂牌数、挂牌公司注册资本总规模
	区域股权市场	挂牌公司数、挂牌公司注册资本总规模
	“双创”成果	“独角兽”企业数、新增发明专利授权量
“双创”金融政策	“双创”金融机构发展扶持力度	私募股权投资机构政策、非存款类放贷机构政策、融资担保机构政策、融资租赁机构政策、创新型金融机构政策
	“双创”金融服务引导支持力度	间接融资政策、直接融资政策、并购服务政策、专项保险服务政策
	“双创”金融生态优化促进力度	“双创”金融服务平台、“双创”金融创新环境、地方财政支持力度、地方财政支持强度

续 表

一级指标	二级指标	三级指标
“双创”金融生态	创业活跃度	当年新增市场主体数、当年新增商标注册件数、百度热搜指数
	创新活跃度	国家高新技术企业数量、研发投入强度、新增发明专利申请量、SCI 论文发表数
	“双创”人才支撑	在校大学生数、人口净增长数、科研人员数
	专业中介服务	每万人注册会计师数、每万人执业律师数、资产评估机构数

1.3.3 样本城市选择

借鉴中国金融中心指数评价体系（CDI · CFCI），本期 IEFI 选择 31 个金融中心作为样本城市，与上期保持一致。包括：

- 3 个全国性金融中心，分别是上海、北京和深圳；
- 东北区域有 4 个样本城市，分别是大连、沈阳、长春和哈尔滨；
- 北部沿海区域有 4 个样本城市，分别是天津、济南、青岛和石家庄；
- 东部沿海区域有 6 个样本城市，分别是杭州、南京、苏州、宁波、无锡和温州；
- 南部沿海区域有 3 个样本城市，分别是广州、厦门和福州；
- 中部区域有 5 个样本城市，分别是武汉、长沙、郑州、合肥和南昌；
- 西部区域有 6 个样本城市，分别是成都、重庆、西安、昆明、南宁和乌鲁木齐。

所选择的 31 个样本城市基本上是我国的省会城市、副省级城市以及经济相对发达的地级市，这些城市“双创”活动相对活跃和资源相对集中，行政区位、经济社会、人文地理等方面具有明显优势，同时金融资源集聚态势明显，代表着国内金融发展的前沿水平。样本城市所具备的双重特性，为金融服务创新创业提供了基础条件和强力支撑，将引领“双创”金融创新发展趋势和风向，影响全国“双创”活动发展水平和质量，这符合本指数研究目的和初衷。

1.3.4 数据处理方法

（1）数据预处理。本期 IEFI 主体选用 2018 年最新数据，部分指标限于统计口径和更新周期问题采用 2017 年数据，指标数据说明详见前述核心指标定义说明。对于部分城市在个别指标上的数据缺失，原则上采用可获取的最近一期数据作为替代。

（2）数据标准化。本期 57 项评价指标中，有 44 项指标为客观指标，13 项指标为主观指标。其中：①44 项客观指标。IEFI 采用线性比例变换法的方式做标准化处理，即对各项指标“锚定”一个基准值（本期基准值采用首期该项指标 31 个城市的最大值，即与上一期基准保持一致），各城市在该项所获标准化得分取决于城市指标原始值与锚定基准值之间的比例关系。标准化公式为：指标标准化得分 y_{ij} = 指标原始值 X_{ij}/该单项指标最大值 max X_{ij}，即 $y_{ij} = \frac{x_{ij}}{max\ x_{ij}}$。②13 项主观指标。首先采用 10 分制专家评分法将定性指标转化为定量评分（根据指标内容横向比较赋予 0～10 分不等评分，然后取多位专家评分的平均分），然后以 10 分满分作为基准值，采用与客观指标一致的标准化方法进行标准化。

（3）指标赋权。采用分层赋权方法，一级、二级、三级指标权重由专家逐级协商打分确定。专家主要由金融行业从业人员、政府监管部门监管人员、“双创”领域相关研究人员组成。其中，一级指标和二级指标的权重分配结果如下表所示。

表 1.3.2 IEFI 指标体系权重分配

一级指标	一级指标之于整体权重分配	二级指标	二级之于一级权重分配
“双创”金融机构	25%	天使投资机构	15%
		VC 机构	25%
		PE 机构	25%
		银行机构	15%
		地方金融服务机构	20%
“双创”金融服务	20%	股权融资	40%
		并购服务	20%
		债权融资	40%
“双创”金融绩效	20%	创业板上市	35%
		新三板挂牌	25%
		区域股权市场挂牌	25%
		“双创”成果	15%
“双创”金融政策	15%	“双创”金融机构发展扶持力度	40%
		“双创”金融服务引导支持力度	40%
		“双创”金融生态优化促进力度	20%
“双创”金融生态	20%	创业活跃度	30%
		创新活跃度	30%
		“双创”人才支撑	25%
		专业中介服务	15%

（4）指数计算。将各城市相关指标的标准化得分与指标权重相乘后加总，再将指数加总结果放大 100 倍，即可得 IEFI 指数，包括一个综合指数和各个一级指标分项指数。

第二章　指数评价

本章我们将对31个城市进行“双创”金融评分和排名，对其总体状况进行描述，并依此对31个城市进行分层和分类，给出中国“双创”金融在机构、服务、绩效、政策、生态等方面的总体评价结果。

2.1　“双创”金融综合评价

第3期中国“双创”金融指数综合排名的结果依次是北京、深圳、上海、广州、成都、杭州、苏州、重庆、南京、西安、天津、武汉、宁波、郑州、长沙、合肥、青岛、厦门、无锡、济南、大连、沈阳、福州、温州、石家庄、南昌、昆明、南宁、长春、哈尔滨和乌鲁木齐。(如表2.1.1所示)。

表2.1.1　第3期中国“双创”金融指数综合得分和排名

城市	第3期		第2期		变化	
	得分	排名	得分	排名	得分	排名
北京	127.75	1	121.23	1	▲6.53	—
深圳	88.30	2	93.86	2	▼5.55	—
上海	84.70	3	89.70	3	▼5	—
广州	49.78	4	49.31	4	▲0.47	—
成都	49.58	5	39.68	6	▲9.9	▲1
杭州	48.83	6	45.45	5	▲3.38	▼1

续　表

城市	第 3 期		第 2 期		变化	
	得分	排名	得分	排名	得分	排名
苏州	39. 89	7	37. 19	7	▲2. 69	—
重庆	36. 30	8	31. 28	8	▲5. 02	—
南京	36. 00	9	35. 62	10	▲0. 38	▲1
西安	35. 71	10	26. 12	12	▲9. 58	▲2
天津	31. 57	11	33. 56	9	▼2	▼2
武汉	30. 17	12	29. 23	11	▲0. 94	▼1
宁波	28. 76	13	26. 25	16	▲2. 5	▲3
郑州	28. 38	14	22. 39	18	▲5. 99	▲4
长沙	27. 73	15	25. 42	13	▲2. 3	▼2
合肥	27. 16	16	25. 90	15	▲1. 25	▼1
青岛	26. 78	17	24. 37	14	▲2. 42	▼3
厦门	26. 32	18	22. 64	21	▲3. 68	▲3
无锡	24. 41	19	26. 22	17	▼1. 81	▼2
济南	23. 14	20	22. 32	19	▲0. 82	▼1
大连	22. 57	21	21. 38	23	▲1. 18	▲2
沈阳	22. 46	22	19. 92	20	▲2. 54	▼2
福州	20. 82	23	18. 25	24	▲2. 57	▲1
温州	20. 56	24	17. 87	25	▲2. 69	▲1
石家庄	20. 48	25	17. 32	27	▲3. 15	▲2
南昌	17. 70	26	14. 67	30	▲3. 03	▲4
昆明	17. 61	27	16. 99	22	▲0. 61	▼5
南宁	17. 60	28	16. 05	28	▲1. 56	—
长春	16. 64	29	15. 04	26	▲1. 59	▼3
哈尔滨	16. 50	30	12. 98	29	▲3. 53	▼1
乌鲁木齐	12. 19	31	10. 76	31	▲1. 43	—

注：由于本期对指标体系做了调整，部分指标权重出现了变化，为了保持指数连续的可比性，已经根据最新指数结构对第 2 期指数得分做了修正，以本期公布结果为准。

- 31 个城市的“双创”金融发展水平已经出现较为明显的分层分化，如图 2. 1. 1 所示。

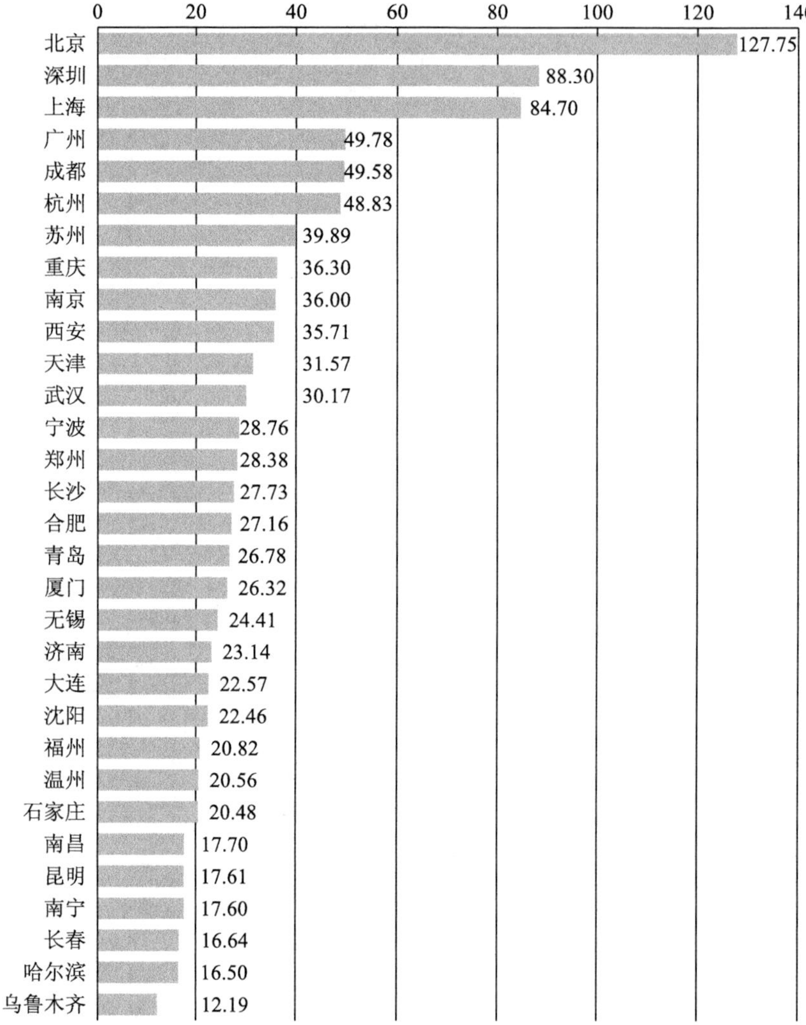

图 2.1.1 第 3 期“双创”金融指数 31 个城市综合得分比较

- 北京、深圳和上海是当之无愧的“双创”金融发展领先城市。三者在“双创”金融指数得分上遥遥领先于其他城市，继续牢牢占据着领先地位的优势。无论是金融支持“双创”的力度和广度，还是自身所具备的“双创”基础和实力，三者均是国内城市的标杆，短时间内看不到有被后来者赶超的可能。

- 广州、成都和杭州已成为“双创”金融发展优秀城市中的佼佼者。从综合得分上看，三者得分几乎处于同一水平，与前两期中与三者处于相近评价水平的苏州、重庆、南京等城市之间的得分领先优势已经显著拉开。值得注意的是，成都凭借本期得分的快速增长，一举拉近了同广州之间的分差，并以小幅得分优势反超杭州，排名全国第5。

- 在上期的“双创”金融发展潜力城市中，西安通过连续两期快速增长，率先脱颖而出，跻身全国十强，成功跃升到“双创”金融发展优秀城市行列。

- 经历了2017年以来的快速增长后，整体上本期“双创”金融指数综合得分放缓了增长。如图2.1.2所示，31个金融中心城市中，有27个城市的得分实现正增长，余下4个城市得分则出现减少。

- 本期得分增长最显著的前三甲分别是成都、西安和北京，本期三者得分分别增加了9.9分、9.6分和6.5分。值得一提的是，西安在上一期已经是得分增长最快的城市，本期继续保持高速增长，进步最为明显，首次跻身全国十强行列。

- 相对来说，上期得分实现大幅度增长的深圳和上海这2个城市，本期得分均出现了较大程度的回落。其中，深圳得分降低幅度最大，本期得分减少了5.55分。究其原因，一方面是这几个城市的“双创”事业在2017年已经经历了一轮顶峰增长，2018年较上一年增幅有所回落；另一方面，则是受2018年国内资本市场调控影响，创业板、新三板等上市挂牌公司年度新增数量大幅减少，导致体现“双创”金融绩效的得分出现回落。

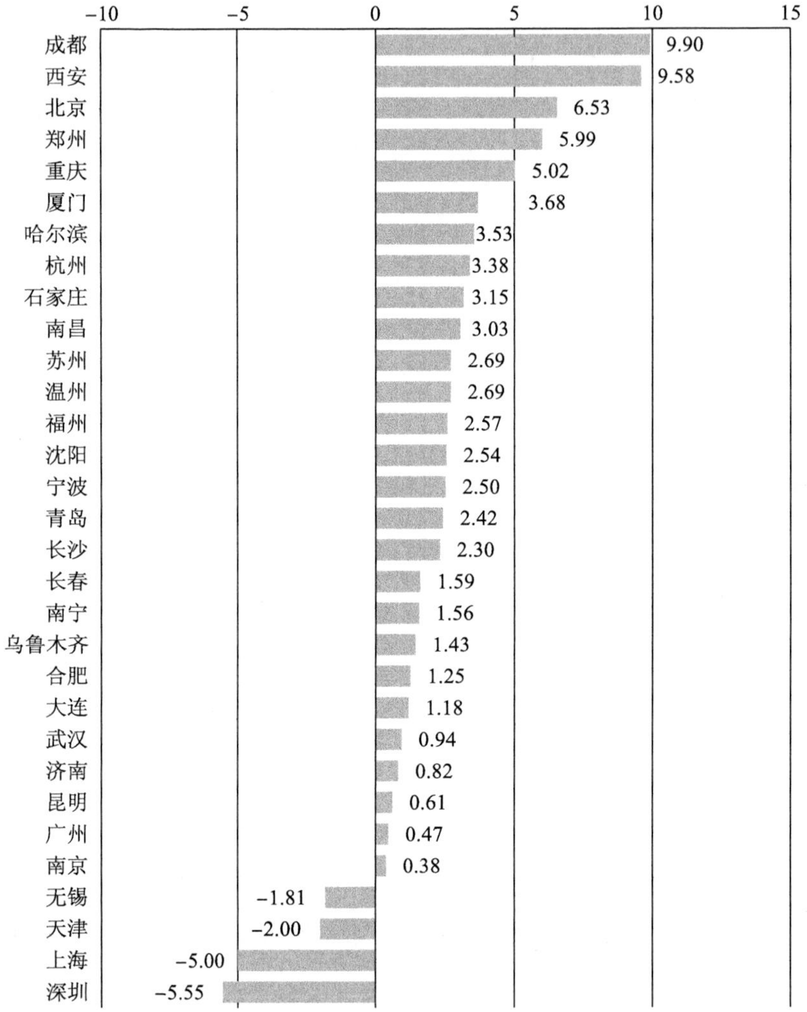

图 2.1.2 第 3 期“双创”金融指数 31 城市综合得分变化示意

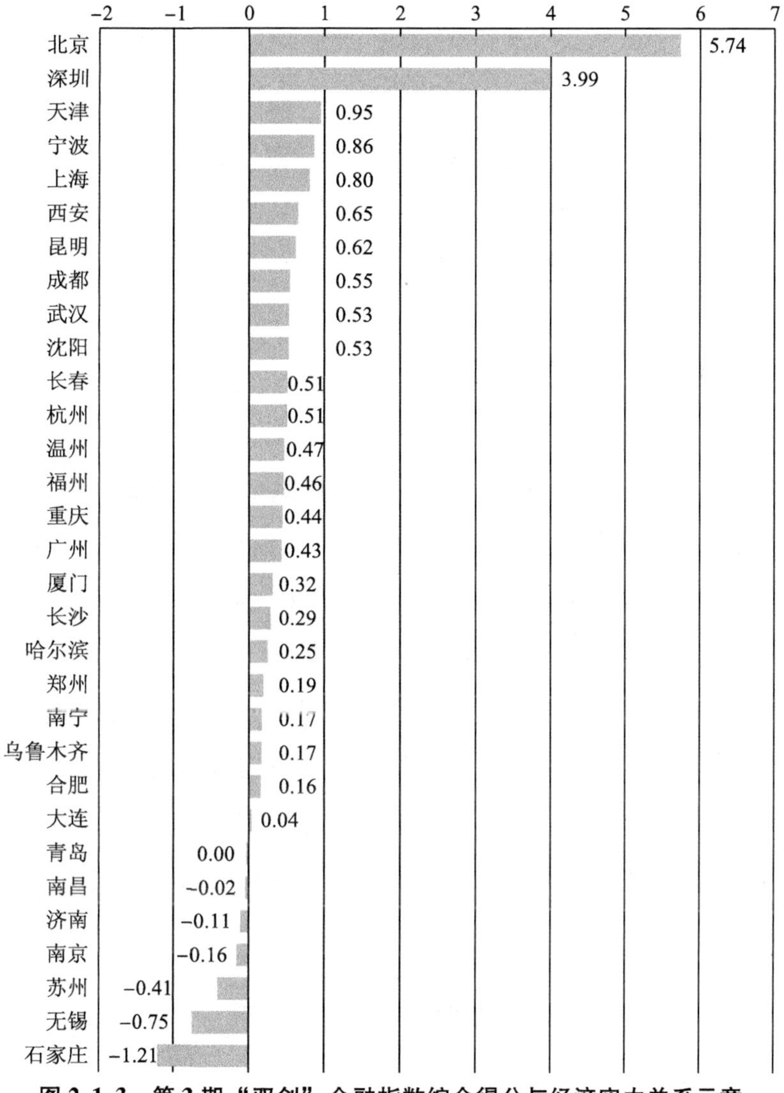

图 2.1.3　第 3 期“双创”金融指数综合得分与经济实力关系示意

● 可以看到，“双创”金融发展水平与经济实力有十分明显的关系，领先地区也是我国经济发展活力最具代表性的地区。综合榜单排名前十中，有 7 个城市是来自我国沿海经济发达区域，而来自内陆地区的成都、重庆和西安也是各自所在区域的发展龙头。

● 长三角和珠三角地区无疑是“双创”金融发展水平最高的区域。本期前十强中有 4 个城市来自长三角地区，两个城市来自珠三角地区。

● 相对来说，近年来陷入经济发展低迷期的东北地区，各城市的“双创”金融发展水平相对较低。地区排名相对较高的大连和沈阳，也仅处于全国第 21 和第 22 位。

2.2 “双创”金融机构评价

“双创”金融机构指为“双创”活动提供金融服务的机构，主要用于评估和反映一个城市金融支持“双创”活动的金融市场主体多元性和规模化发展水平，涵盖了 5 个方面共计 12 项客观指标，包括天使、VC、PE、银行机构以及地方金融服务机构。与上期相比，基于当前互联网金融机构相关行业统计数据缺失以及对“双创”活动的直接支持体现不足的现实，本期剔除了与互联网金融机构有关的两项指标。

本期指数“双创”金融机构的分项排名前十强依次是北京、上海、深圳、杭州、天津、广州、成都、南京、重庆和武汉，完整榜单结果如表 2.2.1 所示。

表 2.2.1 “双创”金融机构分项得分和排名

城市	第 3 期		第 2 期		变化	
	得分	排名	得分	排名	得分	排名
北京	37.18	1	31.44	1	▲5.74	—
上海	27.20	2	26.40	2	▲0.8	—
深圳	22.05	3	18.06	3	▲3.99	—
杭州	10.10	4	9.59	4	▲0.51	—
天津	6.63	5	5.68	8	▲0.95	▲3

续　表

城市	第 3 期		第 2 期		变化	
	得分	排名	得分	排名	得分	排名
广州	6.12	6	5.69	7	▲0.43	▲1
成都	5.91	7	5.36	9	▲0.55	▲2
南京	5.70	8	5.86	5	▼0.16	▼3
重庆	5.57	9	5.13	10	▲0.44	▲1
武汉	5.46	10	4.93	11	▲0.53	▲1
苏州	5.42	11	5.83	6	▼0.41	▼5
宁波	4.11	12	3.25	17	▲0.86	▲5
昆明	3.83	13	3.21	19	▲0.62	▲6
长沙	3.72	14	3.43	14	▲0.29	—
西安	3.69	15	3.04	21	▲0.65	▲6
福州	3.69	16	3.23	18	▲0.46	▲2
长春	3.56	17	3.05	20	▲0.51	▲3
大连	3.45	18	3.42	15	▲0.04	▼3
沈阳	3.45	19	2.92	22	▲0.53	▲3
合肥	3.42	20	3.26	16	▲0.16	▼4
郑州	2.90	21	2.71	24	▲0.19	▲3
温州	2.84	22	2.37	26	▲0.47	▲4
无锡	2.81	23	3.56	13	▼0.75	▼10
青岛	2.80	24	2.80	23	▼0	▼1
石家庄	2.58	25	3.79	12	▼1.21	▼13
厦门	2.55	26	2.24	27	▲0.32	▲1
济南	2.40	27	2.51	25	▼0.11	▼2
哈尔滨	2.36	28	2.11	28	▲0.25	—
南宁	2.00	29	1.83	29	▲0.17	—
乌鲁木齐	1.95	30	1.79	30	▲0.17	—
南昌	1.50	31	1.52	31	▼0.02	—

注：由于本期该分项剔除了两项指标，分项权重出现了变化，为了保持分项得分的可比性，第 2 期该分项得分已通过权重系数进行修正，以本期公布结果为准。

● 31个城市“双创”金融机构的发展状况呈现显著的两极分化状态，如图2.2.1所示。排名第1的北京，其分项得分是排名最后一位的近25倍。

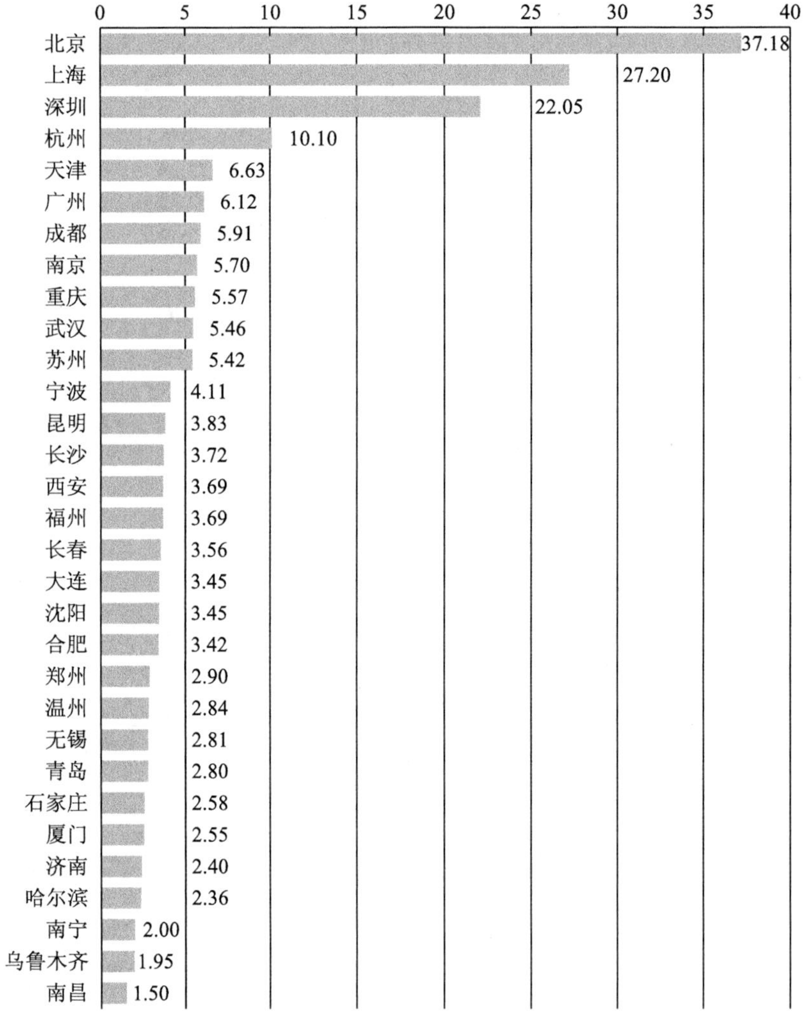

图2.2.1 第3期IEFI“双创”金融机构分项得分比较

● 北京、上海、深圳、杭州稳居分项排名前四，与上期排名保持一致。其中，北京、上海和深圳属于同一级别的城市，在“双创”金融机构资源方面具有绝对优势，分项得分遥遥领先于其他城市，杭州相对要逊色不少。

- “双创”金融机构资源的集聚呈现十分显著的“马太效应”。前四强所占据的“双创”金融机构资源，大约占31个城市总量的将近一半，如图2.2.2所示。

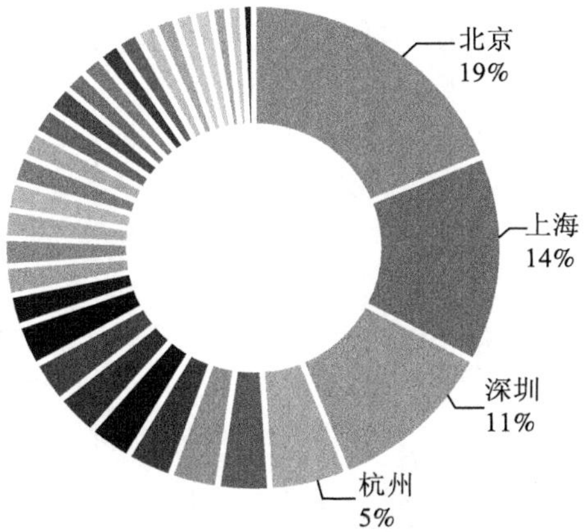

图2.2.2 第3期IEFI“双创”金融机构分项得分分布示意

- 分项排名后十位的城市，其“双创”金融机构分项得分总和才勉强达到前三水平，说明“双创”金融机构主要还是集中在一线发达城市。

- 本期31个城市中，绝大部分城市分项得分实现了正增长，仅6个城市出现了得分减少情况。

- 北京和深圳是该分项得分增长最快的两个城市。两者在保持机构总量资源全国前三的同时，还依然保持着快速增长，且增长幅度远高于其他城市，说明北京和深圳依旧是天使、创投、私募股权等机构发展的首选城市。

- 相对来说，石家庄是本期表现相对较差的城市，本期分项得分减少了1.21分，分项排名第25。

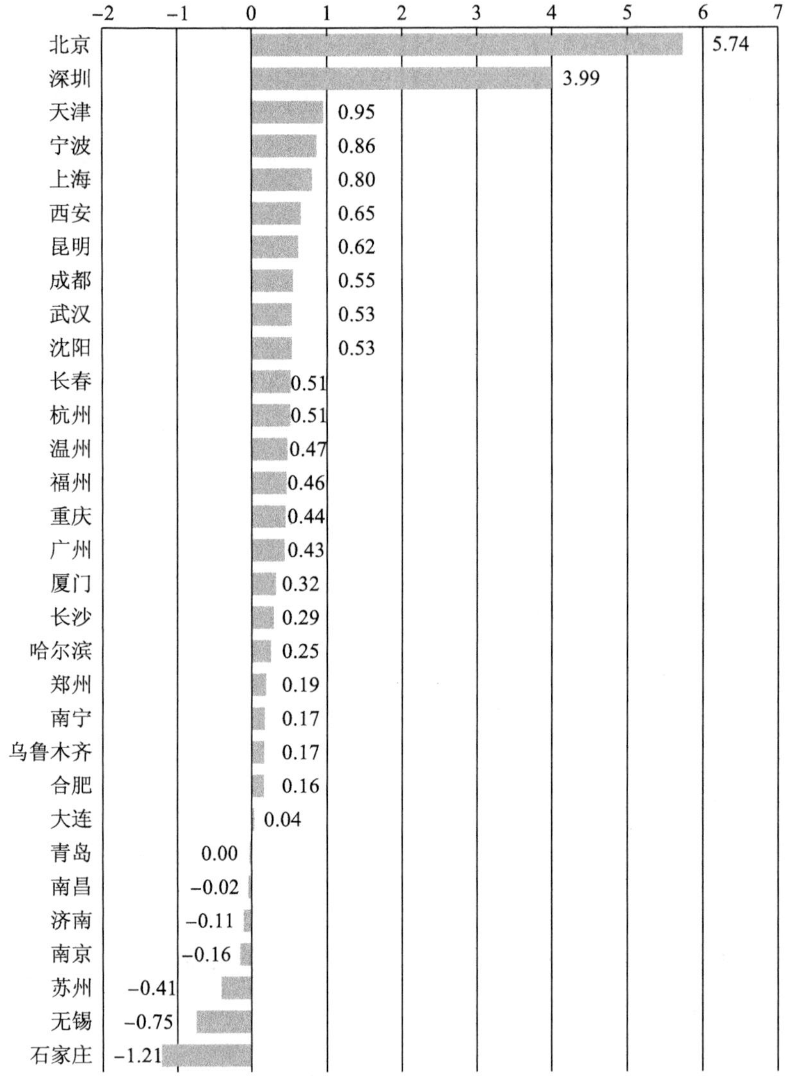

图 2.2.3 第 3 期 IEFI 各城市“双创”金融机构分项得分增长示意

2.3 “双创”金融服务评价

该分项主要用以评价和反映一个城市的金融行业对“双创”活动

的服务和支持情况，包括股权融资服务、并购服务和债权融资服务三个方面共计 9 项客观指标。与上期相比，本期调整优化了其中 1 项指标，删去“中小企业私募债”这一指标项，新增“一般贷款平均利率”这一指标项。

本期指数“双创”金融服务的分项排名前十强依次是北京、上海、深圳、苏州、杭州、成都、南京、广州、天津和重庆，完整榜单结果如表 2.3.1 所示。

表 2.3.1　“双创”金融服务分项得分和排名

城市	第 3 期		第 2 期		变化	
	得分	排名	得分	排名	得分	排名
北京	36.35	1	34.45	1	▲1.9	—
上海	18.96	2	24.92	2	▼5.95	—
深圳	17.74	3	19.65	3	▼1.91	—
苏州	12.77	4	8.10	9	▲4.67	▲5
杭州	11.94	5	10.34	5	▲1.6	—
成都	11.02	6	6.75	12	▲4.26	▲6
南京	9.14	7	8.88	6	▲0.26	▼1
广州	8.79	8	11.54	4	▼2.75	▼4
天津	8.05	9	8.47	8	▼0.42	▼1
重庆	8.01	10	8.50	7	▼0.49	▼3
无锡	7.86	11	6.89	11	▲0.98	—
宁波	7.36	12	6.33	13	▲1.03	▲1
合肥	6.36	13	3.66	22	▲2.7	▲9
武汉	5.87	14	4.88	14	▲0.99	—
青岛	5.56	15	3.91	19	▲1.65	▲4
温州	5.34	16	3.91	18	▲1.43	▲2
厦门	5.22	17	3.81	20	▲1.41	▲3
济南	5.19	18	7.08	10	▼1.89	▼8

续 表

城市	第3期		第2期		变化	
	得分	排名	得分	排名	得分	排名
长沙	5.12	19	3.74	21	▲1.38	▲2
西安	4.96	20	3.11	25	▲1.85	▲5
大连	4.75	21	4.54	15	▲0.21	▼6
福州	4.65	22	4.05	16	▲0.6	▼6
沈阳	4.47	23	3.01	26	▲1.47	▲3
石家庄	4.42	24	3.40	24	▲1.03	—
郑州	4.35	25	3.45	23	▲0.9	▼2
乌鲁木齐	4.31	26	2.19	30	▲2.12	▲4
南昌	4.26	27	2.48	27	▲1.78	—
南宁	4.16	28	3.94	17	▲0.22	▼11
昆明	4.10	29	2.48	28	▲1.62	▼1
长春	3.82	30	2.34	29	▲1.48	▼1
哈尔滨	3.25	31	1.70	31	▲1.56	—

- 本期前十名单与上期基本一致，仅有一个名额易主。其中，成都取代济南，跻身前十行列。
- 本期分项排名提升最大的是合肥，排名上升9个名次，跃至全国第13名。2018年，合肥在促进“双创”活动的小额贷款方面有较大的发展。
- 31个城市“双创”金融服务的差异性并没有综合得分那么大，如图2.3.1所示。各城市依托发达的银行服务体系，通过政策引导对“双创”活动给予了较大的间接融资支持，使得该分项的得分差异性相对不那么显著。

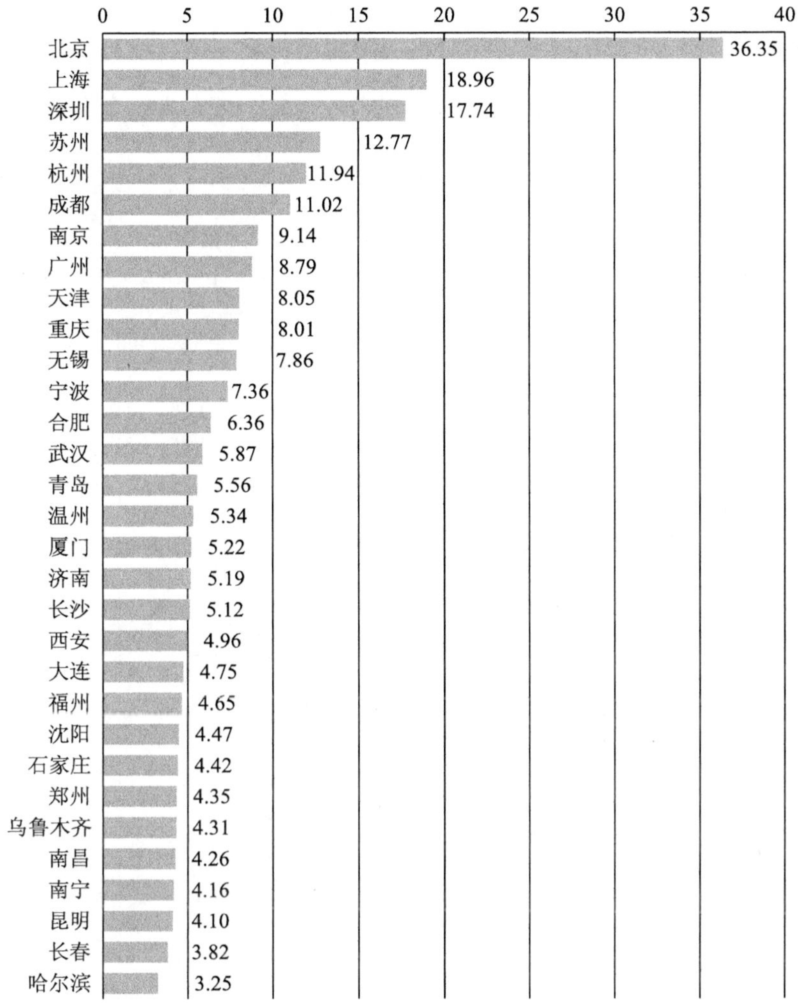

图 2.3.1　第 3 期 IEFI“双创”金融服务分项得分比较

• 北京保持一枝独秀的状态，分项得分基本是排名第二和第三两者的总和。原因在于北京金融服务资源的全面性，无论是直接融资服务，还是间接融资服务，均有相应的服务资源可供市场选择。

• 本期 31 个城市中绝大多数在“双创”金融服务得分方面保持正增长，仅 6 个城市的得分出现降低情况。

• 苏州和成都是本期分项得分增长最多的两个城市，分别增长了 4.67 分和 4.26 分，两者一举跻身分项前十行列，分别排名全国第 4 和第 6。两者均得益于在并购服务方面的得分增长，2018 年全年发生了多起规模庞大的并购服务事件。

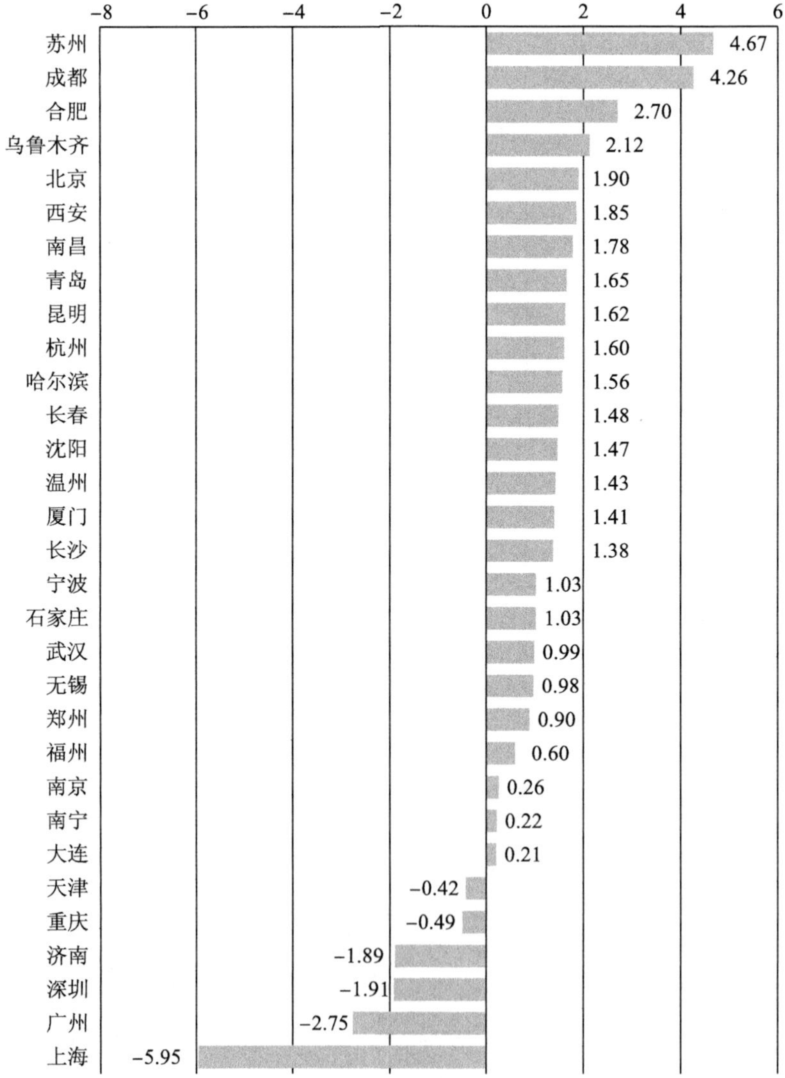

图 2. 3. 2　第 3 期 IEFI 各城市“双创”金融服务分项得分增长示意

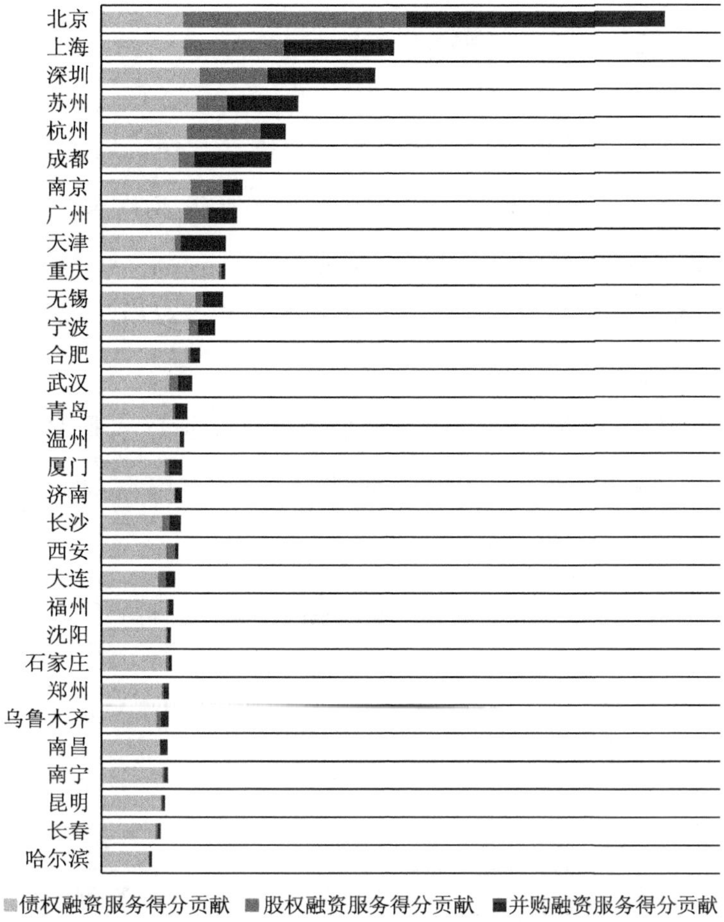

图 2.3.3　第 3 期 IEFI 各城市“双创”金融服务分项得分结构

- 上海和广州本期分项得分减少幅度较为显著。两者均是因为2018 年全年发生的股权融资服务事件和融资规模较上一年高峰期有所回落，导致得分有所减少。

- 债权融资服务仍然是绝大多数城市支持“双创”事业发展的主要途径。除分项排名前 6 的城市外，余下 25 个城市该分项得分一半以上是来自债权融资服务。依靠债权融资服务的城市，主要通过引导增加小微信贷服务来支持和满足本地“双创”事业的金融服务需求。

2.4 “双创”金融绩效评价

该分项主要通过各城市在全国性或地方性金融市场的上市挂牌表现，来反映本地区金融支持“双创”活动的直接成果体现，包含创业板上市、新三板挂牌、区域股权市场挂牌和“双创”成果等4个方面共计10项客观指标。与上期相比，本期新增了“双创”成果这一维度项共2项指标。

本期指数“双创”金融绩效分项排名前十强依次是北京、深圳、上海、广州、杭州、武汉、成都、长沙、宁波和厦门，完整榜单结果如表2.4.1所示。

表2.4.1 “双创”金融绩效分项得分和排名

城市	第3期		第2期		变化	
	得分	排名	得分	排名	得分	排名
北京	16.89	1	17.72	1	▼0.83	—
深圳	13.23	2	15.56	2	▼2.32	—
上海	7.83	3	9.17	3	▼1.34	—
广州	6.26	4	8.35	4	▼2.09	—
杭州	5.44	5	6.26	5	▼0.82	—
武汉	3.68	6	3.81	7	▼0.13	▲1
成都	3.30	7	3.57	9	▼0.27	▲2
长沙	3.28	8	4.08	6	▼0.8	▼2
宁波	2.75	9	3.13	11	▼0.39	▲2
厦门	2.71	10	3.63	8	▼0.92	▼2
南京	2.68	11	3.35	10	▼0.67	▼1
苏州	2.66	12	2.90	12	▼0.23	—
郑州	2.43	13	2.00	18	▲0.43	▲5

续　表

城市	第 3 期		第 2 期		变化	
	得分	排名	得分	排名	得分	排名
青岛	2.19	14	2.39	15	▼0.21	▲1
重庆	2.15	15	1.87	19	▲0.28	▲4
天津	2.10	16	2.54	13	▼0.44	▼3
西安	2.07	17	2.30	16	▼0.22	▼1
南宁	1.93	18	2.07	17	▼0.14	▼1
无锡	1.78	19	2.52	14	▼0.74	▼5
沈阳	1.67	20	1.51	22	▲0.16	▲2
合肥	1.39	21	1.66	21	▼0.27	—
福州	1.38	22	1.78	20	▼0.4	▼2
南昌	1.35	23	1.29	24	▲0.06	▲1
大连	1.19	24	1.32	23	▼0.12	▼1
济南	1.07	25	1.26	25	▼0.18	—
温州	0.92	26	1.15	26	▼0.23	—
石家庄	0.81	27	0.90	30	▼0.08	▲3
长春	0.79	28	0.98	28	▼0.19	—
哈尔滨	0.68	29	0.98	29	▼0.31	—
乌鲁木齐	0.66	30	1.02	27	▼0.36	▼3
昆明	0.56	31	0.71	31	▼0.15	—

- 本期前十名单与上期基本一致，仅有一个名额易主。其中，宁波取代南京，跻身前十行列。

- 本期分项排名提升最大的是郑州，排名上升 5 个名次，跃至全国第 13 名。2018 年，郑州在区域股权市场挂牌的企业数量有十分显著的增长。

- 本期分项排名下滑最多的则是无锡，较上期下滑 5 个名次，排名全国第 19。

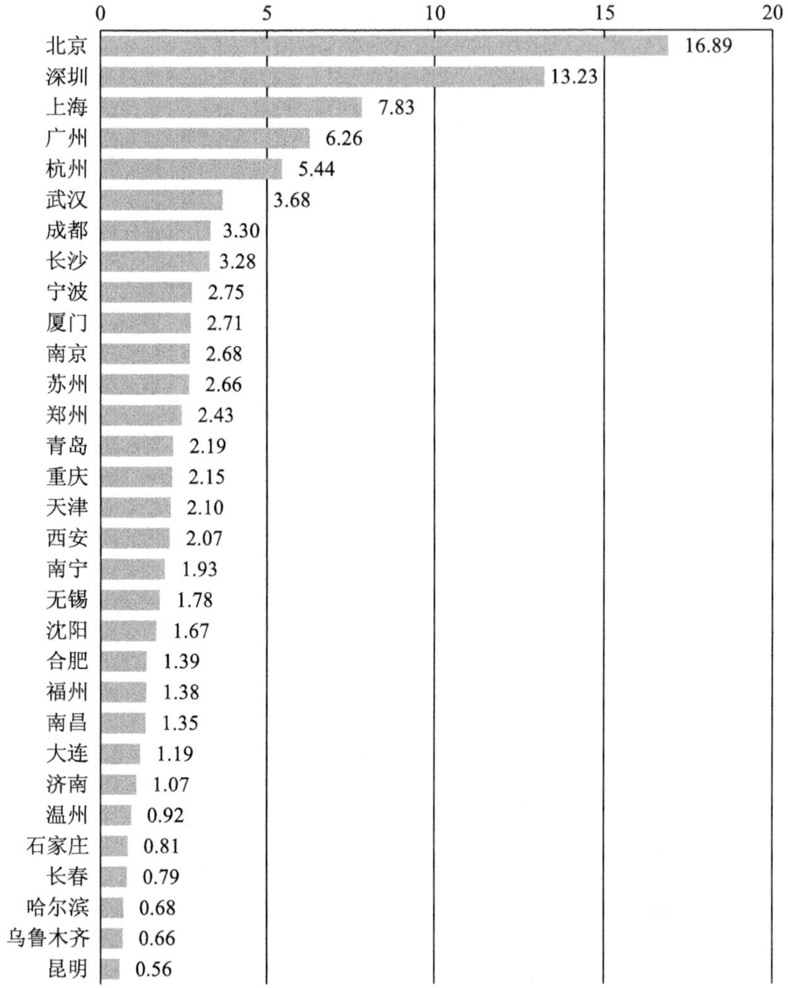

图 2.4.1　第 3 期 IEFI“双创”金融绩效分项得分比较

● 31 个城市中，北京和深圳在该分项有十分显著的领先优势。两者在上市挂牌公司数量和规模上有绝对领先优势。同时，在体现“双创”成果的“独角兽”企业数量和新增发明专利授权量上，优势显著。

● 相对来说，上海在该分项的表现，要较其综合得分逊色不少，主要因其在区域股权市场企业挂牌方面要相对薄弱一些。

● 分项排名在第八名之后的其他城市，其“双创”金融绩效得分差异性并没有综合得分那么大，如图 2. 4. 1 所示。各城市在创业板市场和新三板市场的上市挂牌企业数量基本处于同等量级，并无突出表现，仅在区域股权市场企业挂牌方面存在一定的差异。

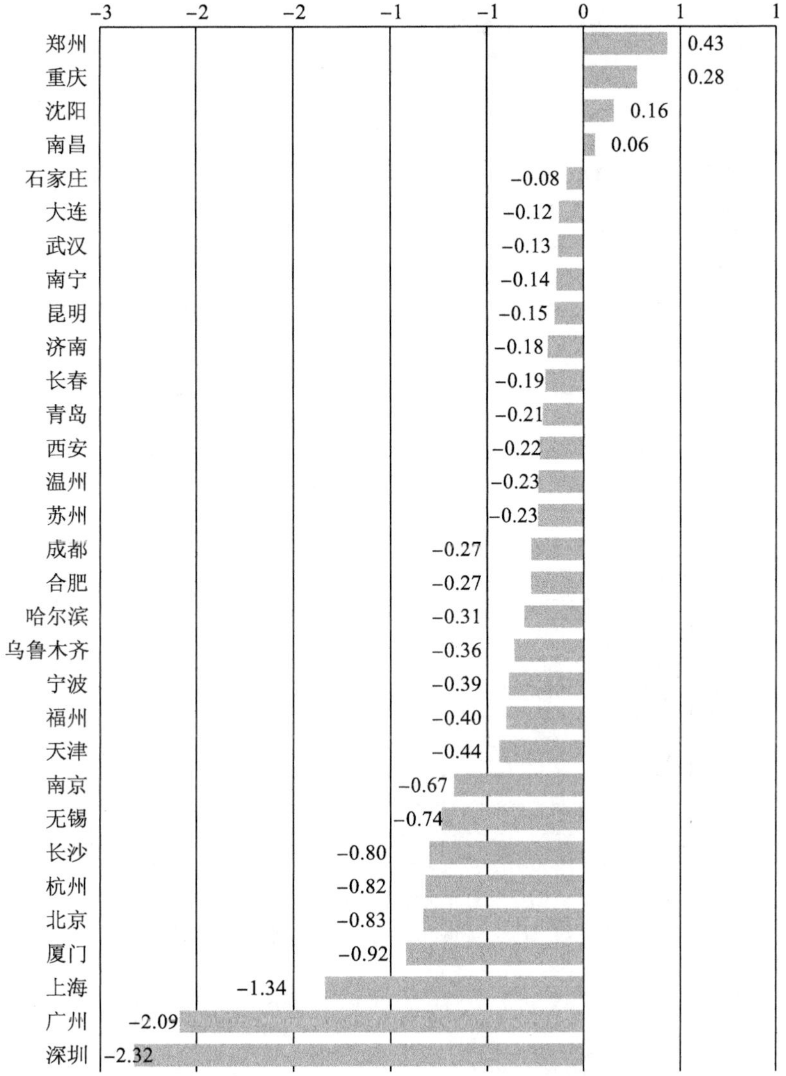

图 2. 4. 2　第 3 期 IEFI 各城市“双创”金融绩效分项得分增长示意

- 受 2018 年国内资本市场调控影响，创业板、新三板等上市挂牌公司年度新增数量大幅减少，本期绝大多数城市在“双创”金融绩效得分方面处于负增长状态，仅 4 个城市的得分实现正增长。

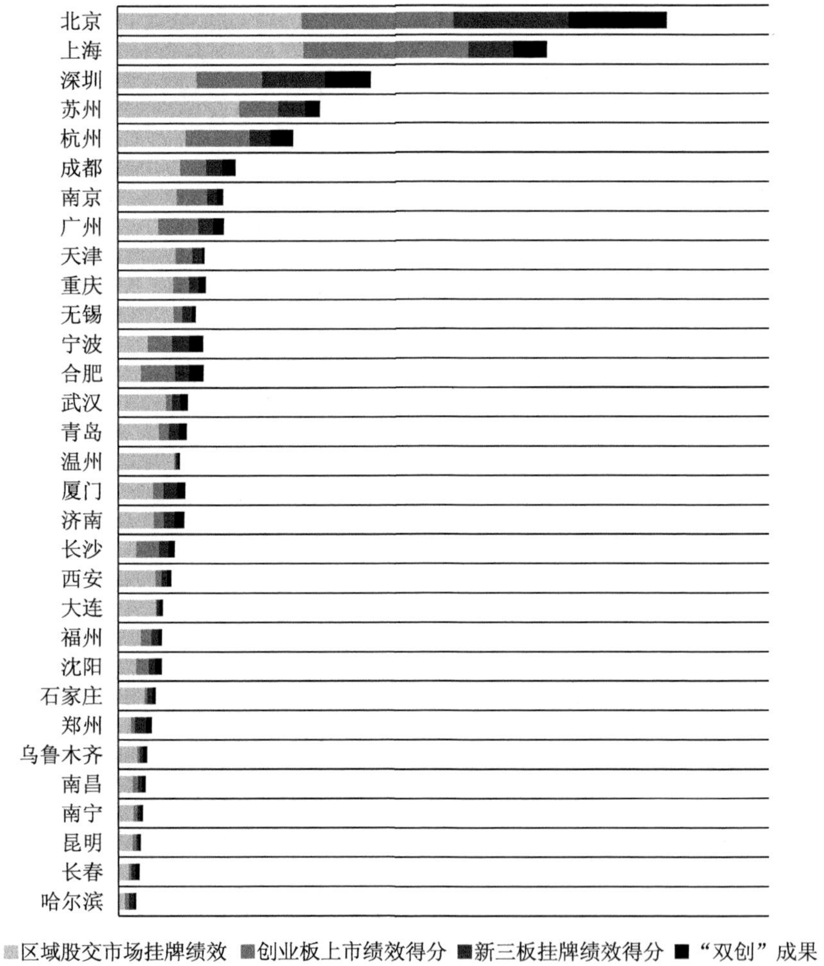

图 2.4.3　第 3 期 IEFI 各城市“双创”金融绩效分项得分结构

- 郑州是本期“双创”金融绩效得分增长最多的城市，但也仅增长了 0.43 分，排名全国第 13。

- 相对来说，深圳和广州本期分项得分减少幅度较为显著。两者在 2017 年上市挂牌方面有突出的成效，受 2018 年市场调控因素影响，本期该分项分数较上期有所回落。

- 绝大多数城市的“双创”金融绩效依赖区域股交市场的发展成效，31 个城市中有 19 个城市该分项得分的一半以上贡献来自区域股交市场企业挂牌。

2.5　“双创”金融政策评价

“双创”金融政策是本期新引入的评价维度，通过评估各地在“双创”金融机构发展扶持政策、“双创”金融服务引导支持政策以及“双创”金融生态优化促进政策三方面的政策内容，以期为地方政府在制定相关金融支持“双创”活动的政策提供参考和借鉴。

本期指数“双创”金融政策分项排名前十强依次是成都、深圳、北京、广州、大连、上海、厦门、南京、苏州和郑州，完整榜单结果如表 2.5.1 所示。

表 2.5.1　“双创”金融政策分项得分和排名

城市	第 3 期	
	得分	排名
成都	7.79	1
深圳	7.74	2
北京	7.25	3
广州	5.92	4
大连	5.44	5
上海	5.42	6
厦门	5.40	7
南京	5.26	8
苏州	5.06	9
郑州	4.97	10

续 表

城市	第3期	
	得分	排名
杭州	4.66	11
宁波	4.50	12
长沙	4.49	13
无锡	4.10	14
合肥	4.06	15
南昌	4.05	16
沈阳	4.00	17
石家庄	3.94	18
温州	3.88	19
西安	3.78	20
济南	3.70	21
福州	3.68	22
青岛	3.54	23
重庆	3.49	24
南宁	3.34	25
天津	3.00	26
武汉	2.99	27
昆明	2.54	28
长春	2.29	29
哈尔滨	2.14	30
乌鲁木齐	1.72	31

- “双创”金融政策分项排名与综合指数排名是最具差异的分项排名，分项榜单前十城市中的大连、厦门和郑州均未进入综合排名十强。

- 成都的“双创”金融政策分项得分力压深圳和北京，排名全国第1。三者在“双创”金融政策方面的支持力度，几乎处于同一水平，是国内“双创”金融政策制定和优化的成功代表。

- 广州、大连、上海、厦门、南京、苏州、郑州、杭州、宁波以及长沙共10个城市，其“双创”金融政策支持力度基本上是处于第二梯队水平，较排名前三的城市有一定差距，但较国内其他城市则有明显的优势。

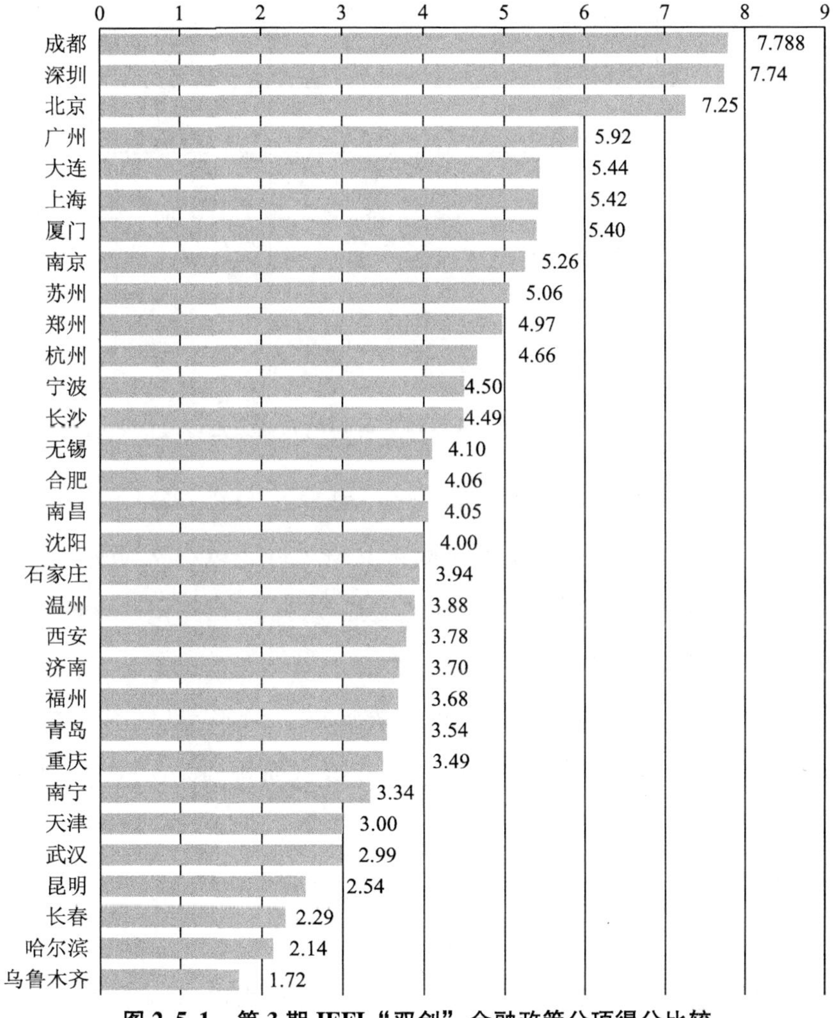

图 2.5.1　第 3 期 IEFI“双创”金融政策分项得分比较

• 理论上来说，“双创”金融政策支持力度越大，对创新创业活跃度带来的支持效应就会越显著。从两个分项得分的关联度来看，基本上也是符合这一规律的。如图 2. 5. 2 所示，“双创”金融政策得分领先的城市，其创新创业也是更为活跃的。

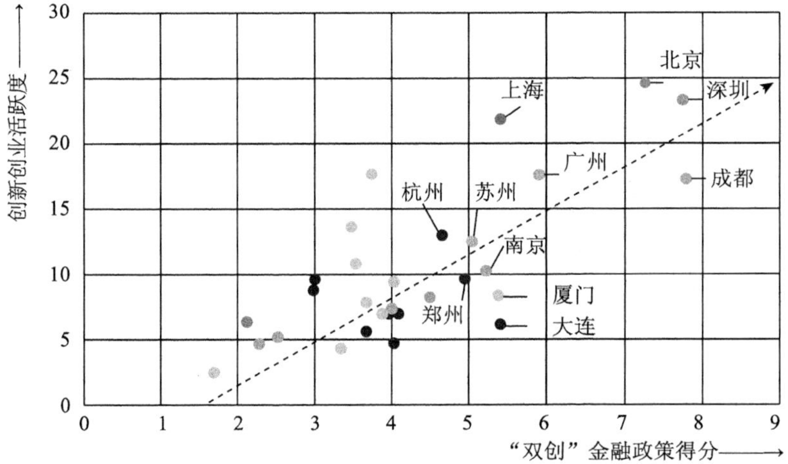

图 2. 5. 2　“双创”金融政策支持力度与创新创业活跃度的关联

• 受政策实施效果的滞后性影响，成都、大连、厦门、南京、郑州等城市，其创新创业活跃度低于政策支持力度，政策实施所应带来的支持效果可能还需要一段时间才能完全显现，预计未来“双创”事业还将有巨大的成长空间。

• 相对来说，北京、上海、深圳等城市，由于很早就形成了相对完备的金融政策支持体系，所以短期内政策对创新创业活跃度的影响相对要低一些。

• “双创”金融政策也存在较明显的区域发展不均衡特征。来自东部以及南部沿海地区的城市，普遍提供了较高的政策支持力度。相对来说，东北地区和西部地区的城市，政策的支持力度普遍不高，分项排名倒数前十中就有 6 个城市都是属于这两个区域的。

● 从各个城市“双创”金融政策支持的内容来看，如图 2.5.3 所示，分项排名靠前城市的政策支持内容比较全面，基本上覆盖了有关“双创”金融机构、金融服务以及生态环境的各个方面。而分项排名靠后的城市，其政策支持内容更多集中在偏向于“双创”金融服务或者生态环境有关方面，对“双创”金融机构的支持普遍偏弱。

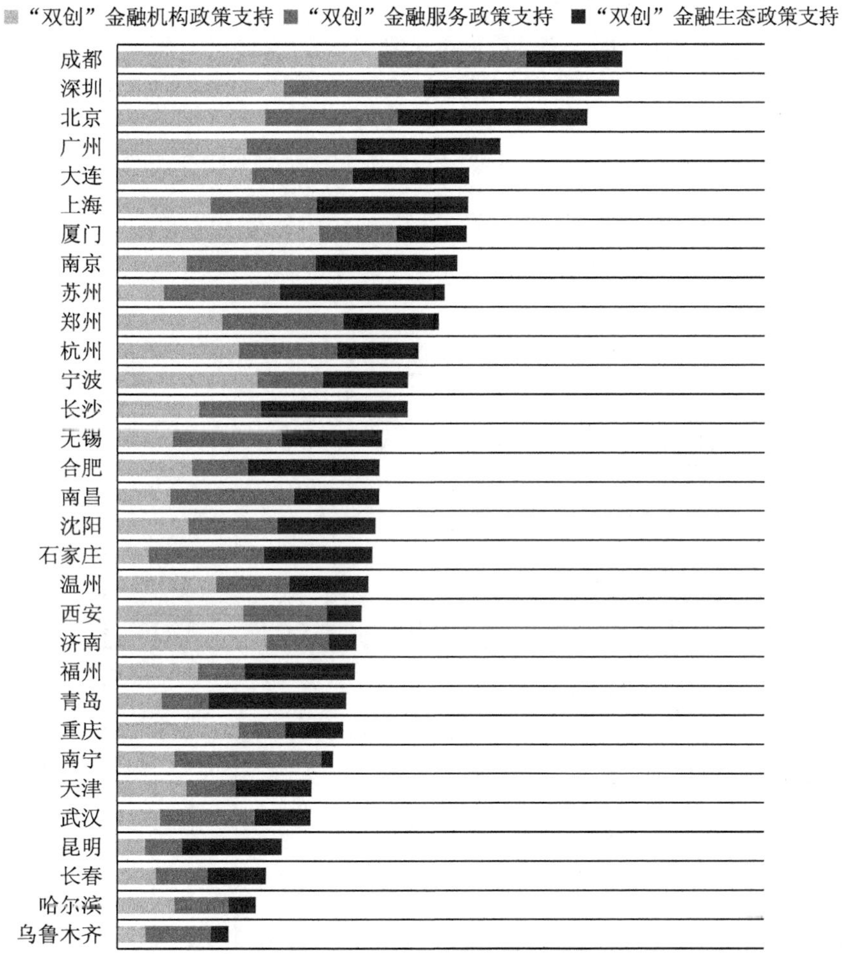

图 2.5.3　第 3 期 IEFI“双创”金融政策支持内容分析

2.6 “双创”金融生态评价

该分项主要用以反映一个地区在发展“双创”金融这项特定金融活动时所具备的外部基础，包括创新创业活跃度、“双创”人才支撑、金融中介服务等4个方面共计13项客观指标。由于本期将生态环境中的政策环境指标独立成一级评价项，新增了“双创”人才支撑方面的指标评价。

本期指数“双创”金融生态分项排名前十强依次是北京、深圳、上海、广州、成都、西安、重庆、杭州、苏州和郑州，完整榜单结果如表2.6.1所示。

表2.6.1 “双创”金融生态分项得分和排名

城市	第3期		第2期		变化	
	得分	排名	得分	排名	得分	排名
北京	30.09	1	30.36	2	▼0.27	▲1
深圳	27.54	2	32.86	1	▼5.31	▼1
上海	25.28	3	23.79	3	▲1.5	—
广州	22.69	4	17.81	5	▲4.87	▲1
成都	21.56	5	16.20	4	▲5.36	▼1
西安	21.20	6	13.89	9	▲7.31	▲3
重庆	17.07	7	12.29	8	▲4.79	▲1
杭州	16.69	8	14.59	6	▲2.09	▼2
苏州	13.98	9	15.31	7	▼1.33	▼2
郑州	13.74	10	9.26	15	▲4.47	▲5
南京	13.23	11	12.28	12	▲0.95	▲1
青岛	12.71	12	11.73	14	▲0.98	▲2
武汉	12.18	13	12.63	11	▼0.45	▼2

续　表

城市	第3期		第2期		变化	
	得分	排名	得分	排名	得分	排名
合肥	11.93	14	13.27	13	▼1.33	▼1
天津	11.79	15	13.88	10	▼2.09	▼5
长沙	11.11	16	9.68	16	▲1.43	—
济南	10.79	17	7.78	20	▲3.01	▲3
厦门	10.43	18	7.55	22	▲2.88	▲4
宁波	10.03	19	9.03	19	▲1	—
沈阳	8.86	20	8.48	18	▲0.39	▼2
石家庄	8.72	21	5.30	30	▲3.42	▲9
哈尔滨	8.08	22	6.05	26	▲2.03	▲4
无锡	7.86	23	9.16	21	▼1.3	▼2
大连	7.73	24	6.66	24	▲1.07	—
温州	7.58	25	6.56	25	▲1.02	—
福州	7.42	26	5.50	27	▲1.92	▲1
昆明	6.58	27	8.06	17	▼1.48	▼10
南昌	6.54	28	5.32	29	▲1.21	▲1
南宁	6.18	29	4.87	28	▲1.3	▼1
长春	6.17	30	6.38	23	▼0.2	▼7
乌鲁木齐	3.54	31	4.04	31	▼0.5	—

注：由于本期该分项指标出现了较大调整，分项权重出现了变化，为了保持分项得分的可比性，第2期该分项得分已通过权重系数进行修正，以本期公布结果为准。

- 本期前十名单与上期基本一致，仅有一个名额发生变化，郑州取代天津，跻身前十行列。

- 本期分项排名提升最大的是石家庄，排名上升9个名次，由上期的第30名跃至本期第21名。

- 相对来说，本期分项排名下滑最多的则是昆明，较上期下滑10个名次，排名全国第27。

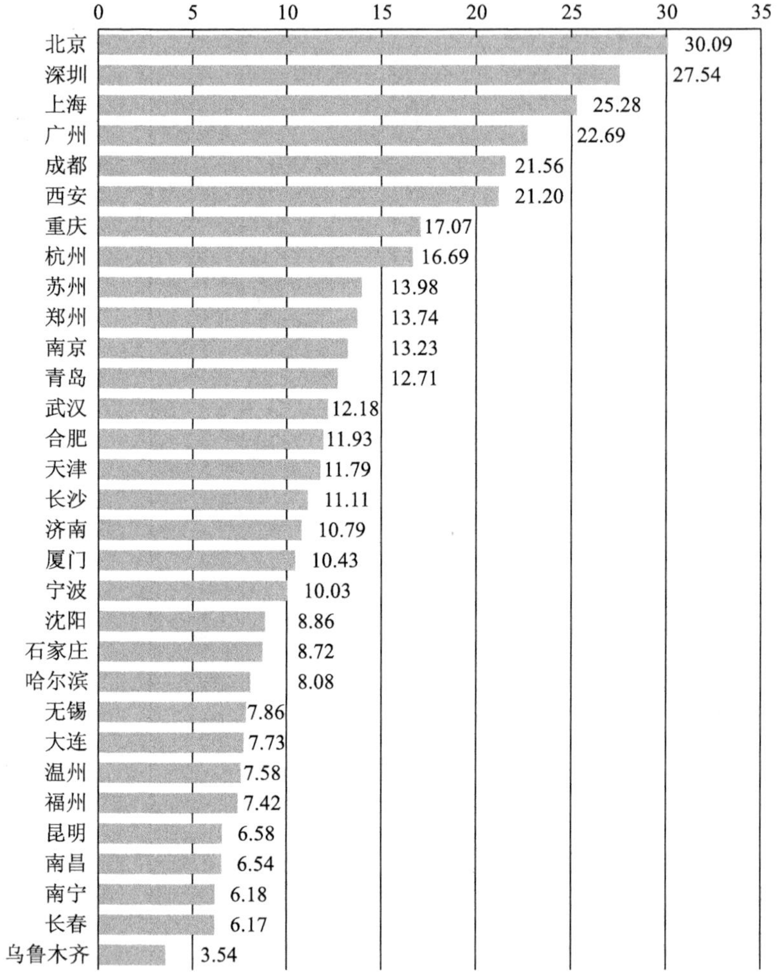

图 2.6.1　第 3 期 IEFI“双创”金融生态分项得分比较

- “双创”金融生态是 31 个城市得分差异相对较小的分项，各个梯度之间的城市分差均比较接近。
- 本期北京该分项得分反超深圳，排名第 1，深圳退居第 2。
- 总体来看，31 个城市在“双创”金融生态环境的营造和优化方面取得了较好的成效。本期 31 个城市中有 21 个城市的分项得分实现正增长状态，10 个城市的得分出现减少情况。

• 西安是本期“双创”金融生态得分增长最多的城市，增加了7.31分，增幅超过了50%。

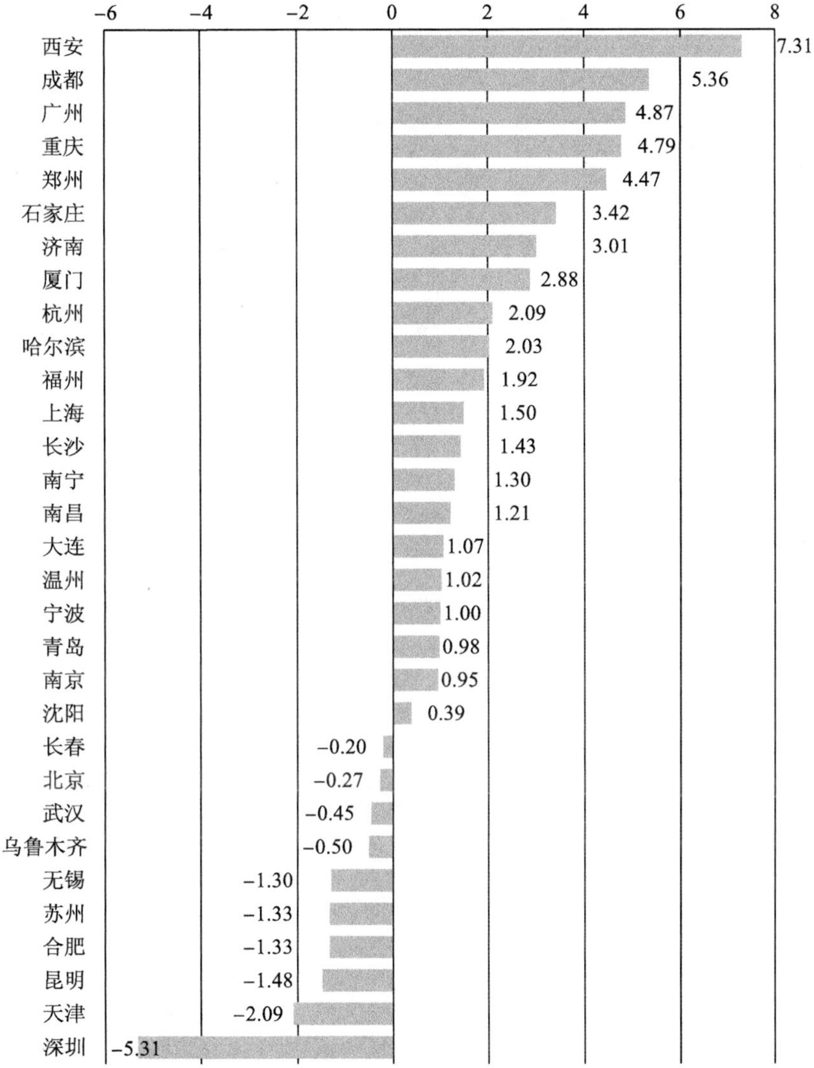

图 2.6.2　第 3 期 IEFI 各城市“双创”金融生态分项得分增长示意

• 成都、广州、重庆和郑州也有显著的得分增长，在“双创”金融生态方面实现了较大改善和进步。

- 相对来说，本期深圳的分项得分出现了较大幅度的减少，究其原因，主要在于深圳 2017 年的创新创业活跃度达到了历史最高水平，本期 2018 年数据较上期峰值水平有所回落，导致该分项得分有所减少。

第三章　区域发展比较

本章将从经济、地理、行政等多个维度，对31个城市的“双创”金融发展进行分类比较，分析各个城市之间的竞争差异。

3.1　全国性金融中心比较

根据中国金融中心指数（CDI CFCI）的研究结论，上海、北京和深圳是我国三大全国性金融中心，三者已经具备了集聚和辐射全国乃至全球金融资源的能力，是其他区域性金融中心所不能比拟的。

表3.1.1　三大全国性金融中心“双创”金融指数评价比较

城市	综合指数		“双创”金融机构		“双创”金融服务		“双创”金融绩效		“双创”金融政策		“双创”金融生态	
	得分	排名	得分	排名	得分	排名	得分	排名	得分	排名	得分	排名
北京	127.75	1	37.18	1	36.35	1	16.89	1	7.25	3	30.09	1
深圳	88.30	2	22.05	3	17.74	3	13.23	2	7.74	2	27.54	2
上海	84.70	3	27.20	2	18.96	2	7.83	3	5.42	6	25.28	3

- 依托自身全国性金融中心所具备的资源优势条件，北京、深圳和上海在“双创”金融发展方面也是处于领先地位，三者分列全国前三甲，在各分项领域也基本包揽了前三的名次。
- 上海、北京和深圳在“双创”金融发展方面的排名与金融中心竞争力排名并不一致。金融中心竞争力排名第1的上海，在“双创”

金融竞争力方面却要弱于北京和深圳，这说明“双创”金融是有特殊性的，需要有针对性的发展策略。

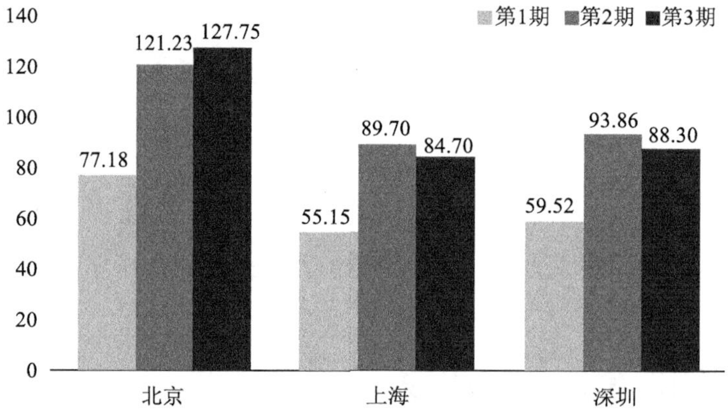

图 3.1.1 全国性金融中心的“双创”金融指数综合得分比较

- 在经历了 2017 年的快速增长后，本期全国性金融中心的“双创”金融指数综合得分增长势头显著放缓，上海和深圳综合得分甚至较上期有所回落。

- 从综合得分构成来看，除了在“双创”金融政策方面略逊于深圳外，北京的“双创”金融发展优势几乎是全面的。

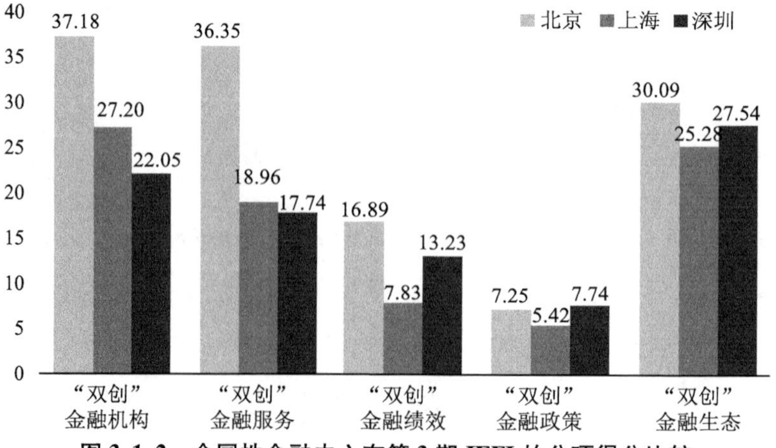

图 3.1.2 全国性金融中心在第 3 期 IEFI 的分项得分比较

• 上海依托于自身全国性金融中心的规模优势，在“双创”金融机构、“双创”金融服务等领域充分体现了自身金融资源集聚的优势。

• 与北京和上海相比，深圳则主要在“双创”金融绩效、“双创”金融政策和“双创”金融生态方面展现出较好的比较优势。

表 3.1.2 全国性金融中心在“双创”金融机构方面主要指标比较

城市	北京	上海	深圳
私募股权投资机构数/家	6408	5285	4426
私募机构资金管理规模/亿美元	12802	4599	3176
新型民营银行规模/亿元	91	391	817
融资租赁机构数/家	225	2151	2505

• 事实上，北京的私募股权投资机构数量和规模均排名全国第 1。截至 2018 年底，北京拥有各类私募股权投资机构 6408 家，资金管理规模合计达到 12802 亿美元。

• 深圳的新型民营银行规模排名全国第 1，2018 年底达到了 817 亿元；融资租赁机构数量全国第 1，2018 年末达到了 2505 家。

表 3.1.3 全国性金融中心在“双创”金融服务方面主要指标比较

城市	北京	上海	深圳
年度股权投资案例数	1043	642	382
年度股权投资规模/亿元	2368.06	1005.03	407.90
年度境内股票市场融资规模/亿元	2380.61	610.43	1007.24
年度并购次数	296	286	212
年度并购规模/亿元	3800.48	1201.42	1357.26

• 北京私募股权融资服务最为活跃，2018 年全年股权投资和并购案例数分别达到 1043 起和 296 起，涉及规模分别达到 2368.06 亿元和

3800. 48 亿元，数量和规模均排名第 1。

表 3. 1. 4　全国性金融中心在“双创”金融绩效方面主要指标比较

城市	北京	上海	深圳
创业板上市公司数量	99	46	89
年度新增创业板上市公司数	2	0	7
上市公司总市值/亿元	5876. 93	2693. 12	6173. 85
新三板挂牌公司数量	1382	865	613
年度新增新三板挂牌公司数	45	44	23
新三板挂牌公司注册资本规模/亿元	1074. 86	445. 22	354. 51
区域股交市场挂牌公司数量	5390	2252	4813
区域股交市场挂牌公司注册资本规模/亿元	909. 86	418. 02	1118. 74
年末“独角兽”企业数	70	36	14
新增发明专利授权量	48000	21331	21300

- 北京在创业板、新三板和区域股权交易市场的上市挂牌企业数量稳居全国第 1，2018 年末分别达到了 99 家、1382 家和 5390 家。与此同时，北京 2017 年末“独角兽”企业数量达到 70 家，排名第 1。
- 深圳在创业板上市公司规模方面排名全国第 1，2018 年年末总市值达到 6173. 85 亿元；创业板上市公司数量 89 家，仅次于北京，排名全国第 2；在区域股交市场挂牌的企业数达到了 4813 家，排名全国第 2。

表 3. 1. 5　全国性金融中心在“双创”金融政策指标评分比较

城市	“双创”金融机构发展扶持力度	“双创”金融服务引导支持力度	“双创”金融生态优化促进力度
深圳	2. 57	2. 17	3. 00
北京	2. 28	2. 06	2. 91
上海	1. 44	1. 64	2. 34

● 深圳“双创”金融政策支持力度排名全国第 2，在各个方面均要优于北京和上海。

● 相对来说，上海在“双创”金融机构发展扶持力度方面要远远落后于深圳和北京。

表 3.1.6　全国性金融中心在“双创”金融生态方面主要指标比较

城市	北京	上海	深圳
当年新设市场主体数	183300	399900	485000
当年新增商标注册件数	389175	291732	326915
百度热搜指数	42554	49667	35039
国家高新技术企业数量	20297	7668	10988
研发投入强度/%	5.64	4.00	4.35
新增发明专利申请量	109000	62755	70000
SCI 论文发表数	97969	47423	12051
在校大学生数量/万人	89.30	66.64	9.67
人口净增长数/万人	-16.50	5.45	49.83
科研人员数量/万人	39.73	18.35	28.14

● 深圳的创业活跃度要显著优于上海和北京。2018 年，深圳新设市场主体数达到了 48.5 万家，同期上海和北京分别是 40 万家和 18.3 万家。

● 在“双创”人才支撑方面，深圳作为一个年轻城市的优势得以体现，人口增长远高于上海和北京。2018 年，深圳人口净流入 49.8 万人，流入规模排名全国第 2，同期上海的增长数约为 5.5 万人，而北京则出现了净流出 16.5 万人的情况。

● 北京和上海在高等教育和学术研究方面比较有优势，两者的在校大学生数量和 SCI 论文发表数要远高于深圳。

3.2 国家中心城市比较

国家中心城市是我国城镇体系规划设置的最高层级，最早在2005年提出。目前，经中央审批确立的国家中心城市共有9个，分别是北京、上海、天津、重庆、广州、成都、武汉、郑州和西安，均是IEFI的样本城市。

表3.2.1　国家中心城市“双创”金融指数横向排名比较

城市	综合指数		“双创”金融机构		“双创”金融服务		“双创”金融绩效		“双创”金融政策		“双创”金融生态	
	得分	排名	得分	排名	得分	排名	得分	排名	得分	排名	得分	排名
北京	127.75	1	37.18	1	36.35	1	16.89	1	7.25	2	30.09	1
上海	84.70	2	27.20	2	18.96	2	7.83	2	5.42	4	25.28	2
广州	49.78	3	6.12	4	8.79	4	6.26	3	5.92	3	22.69	3
成都	49.58	4	5.91	5	11.02	3	3.30	5	7.79	1	21.56	4
重庆	36.30	5	5.57	6	8.01	6	2.15	7	3.49	7	17.07	6
西安	35.71	6	3.69	8	4.96	8	2.07	9	3.78	6	21.20	5
天津	31.57	7	6.63	3	8.05	5	2.10	8	3.00	8	11.79	9
武汉	30.17	8	5.46	7	5.87	7	3.68	4	2.99	9	12.18	8
郑州	28.38	9	2.90	9	4.35	9	2.43	6	4.97	5	13.74	7

- 9个国家中心城市中，北京和上海实力远超其他7个中心城市，处于“双创”金融发展水平第一梯队。
- 广州和成都得分十分接近，排名分列第3和第4，“双创”金融发展水平在国家中心城市中处于第二梯队。

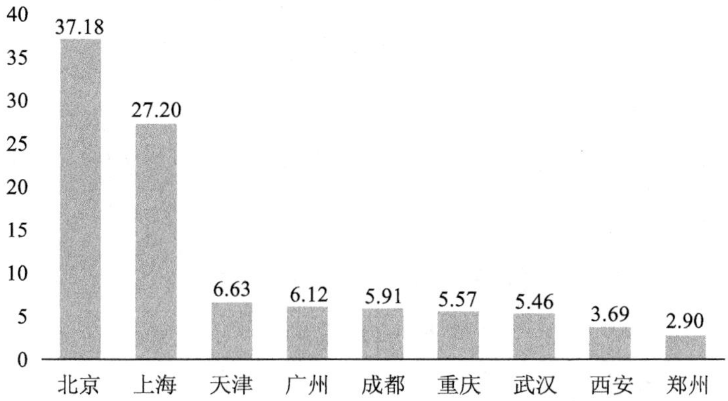

图 3.2.1　国家中心城市“双创”金融机构得分比较

- 其余 5 个国家中心城市分数差异不是很大，基本处于同一发展水平。
- 整体来看，国家中心城市在“双创”金融发展水平上显著高于全国 31 个金融中心的平均水平。

表 3.2.2　国家中心城市在“双创”金融机构方面主要指标比较

城市	私募股权投资机构数/家	管理资金规模/亿美元
北京	6408	12802. 5
上海	5285	4599. 2
天津	639	447. 9
广州	854	458. 5
成都	735	85. 2
重庆	478	75. 6
武汉	564	181. 1
西安	326	88. 3
郑州	232	37. 1

- 北京和上海在“双创”金融机构方面表现出色，得分远超其他国家中心城市。清科研究中心统计的数据显示，2018 年底北京和上海

拥有各类私募股权投资机构分达到 6408 家和 5285 家。

- 除北京和上海外，广州和成都在私募股权投资机构数量方面较其他中心城市更具竞争优势。

- 相对来说，郑州和西安的机构数量和规模较其他中心城市有较大差距。

- 在“双创”金融服务方面，北京一枝独秀，遥遥领先其他国家中心城市。2018 年全年，北京通过私募投资、并购以及股票市场等方式提供的融资服务规模达到了 8549 亿元，是排名第 2 的上海的近 3.6 倍。

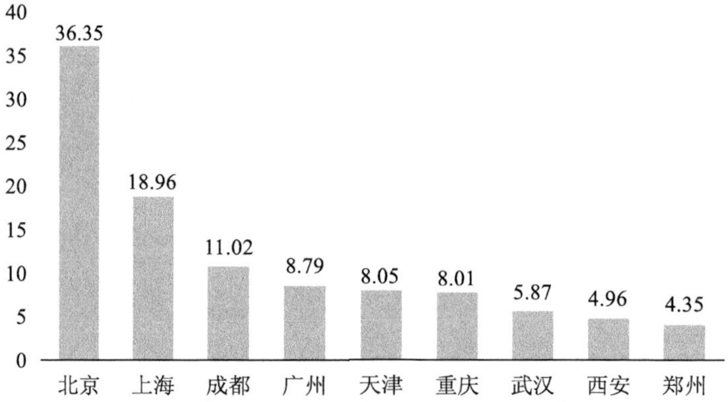

图 3.2.2　国家中心城市“双创”金融服务得分比较

- 上海和成都的股权融资服务也表现的可圈可点，股权融资规模仅次于北京。其中，上海在 2018 年发生 642 起股权投资事件和 286 起并购事件，融资规模分别高达 1005 亿元和 1201 亿元；成都 2018 年发生 47 起并购事件，并购规模达到 1264.9 亿元。

- 其他几个国家中心城市在股权融资服务方面的发展支持力度相对还比较弱。

表 3.2.3　国家中心城市在“双创”金融服务方面主要指标比较

城市	私募股权投资/亿元	并购融资/亿元	境内股票市场融资/亿元	股权融资合计/亿元
北京	2368.1	3800.5	2380.6	8549
上海	1005.0	1201.4	610.4	2817
成都	75.2	1264.9	243.7	1584
广州	227.5	243.3	173.8	645
天津	51.1	652.2	27.6	731
重庆	25.2	21.9	14.9	62
武汉	39.3	180.3	76.4	296
西安	127.0	5.1	66.2	198
郑州	1.9	56.9	40.2	99

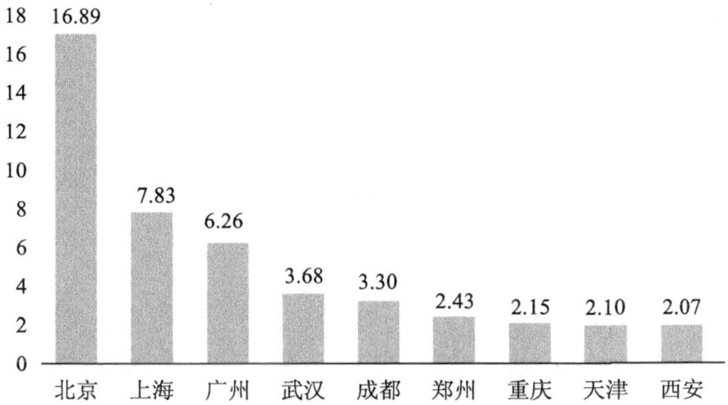

图 3.2.3　国家中心城市“双创”金融绩效得分比较

- 北京“双创”金融绩效大幅领先其他国家中心城市，企业上市挂牌数量以及“独角兽”公司数量均排名第 1。
- 上海拥有的“独角兽”企业达到 36 家，仅次于北京。
- 广州在区域股交市场企业挂牌方面有较大优势，2018 年末挂牌企业数量达到 3095 家，仅次于北京。
- 在“双创”成果方面，郑州、重庆和西安表现相对不理想，三者均未有“独角兽”企业。

表 3.2.4　国家中心城市在“双创”金融绩效方面主要指标比较

城市	创业板上市数	新三板挂牌数	区域股交市场挂牌数	“独角兽”企业数
北京	99	1382	5390	70
上海	46	865	2252	36
广州	26	372	3095	3
武汉	16	243	1899	5
成都	25	209	985	1
郑州	7	139	1743	0
重庆	5	128	1063	0
天津	8	190	1073	2
西安	8	139	728	0

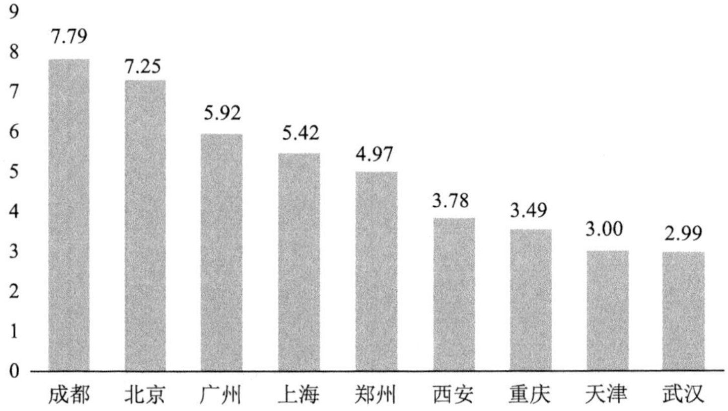

图 3.2.4　国家中心城市“双创”金融政策得分比较

- 在“双创”金融政策支持力度方面，成都力压北京，在国家中心城市中排名第 1。成都在“双创”金融机构发展扶持方面，政策支持力度极大，远超其他国家中心城市。

- 北京在“双创”金融服务引导和“双创”金融生态优化促进方面具有比较优势，政策支持力度较其他国家中心城市要更强。

表 3.2.5　国家中心城市在“双创”金融政策指标评分比较

城市	“双创”金融机构发展扶持力度	“双创”金融服务引导支持力度	“双创”金融生态优化促进力度
成都	4.04	2.28	1.47
北京	2.28	2.06	2.91
郑州	1.61	1.88	1.47
广州	2.00	1.70	2.22
上海	1.44	1.64	2.34
武汉	0.67	1.45	0.87
西安	1.94	1.30	0.54
天津	1.07	0.76	1.17
重庆	1.87	0.72	0.90

- 在对“双创”金融机构的发展扶持政策方面，成都的政策支持力度最大，厦门紧随其后。
- 在“双创”金融服务引导支持方面，成都、深圳和南京的支持力度分列副省级城市前三位。
- 在“双创”金融生态优化促进政策方面，深圳政策支持力度最大，远胜于其他副省级城市。

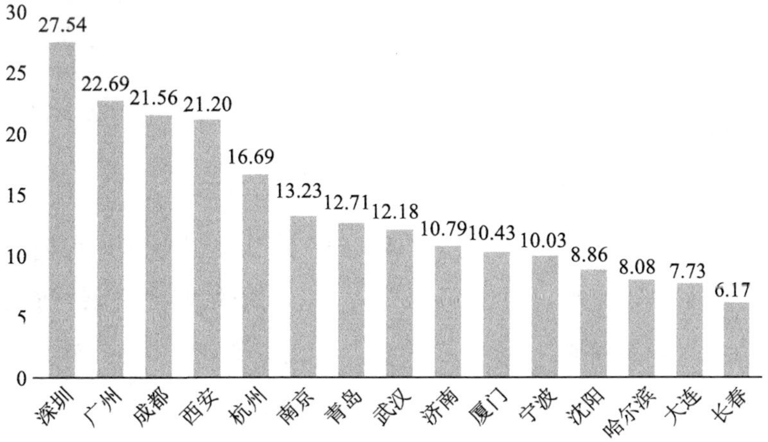

图 3.2.5　副省级城市“双创”金融生态得分比较

● 国家中心城市的“双创”金融生态表现普遍较好，北京、上海和广州分列前三甲。

● 国家中心城市创新创业普遍比较活跃，9 个国家中心城市中有 5 个城市的新设市场主体数达到或超过 40 万家。

● 除北京、上海和天津外，其他 6 个国家中心城市的人口均实现较高的净流入态势，其中西安和广州当年人口净增长规模超过了 40 万人。

表 3.2.6 国家中心城市在“双创”金融生态方面主要指标比较

城市	新设市场主体数	新增商标注册件数	新增发明专利授权量	人口净增长数/万人
北京	183300	389175	109000	-16.50
上海	399900	291732	62755	5.45
天津	221100	41496	25652	2.73
广州	411100	274861	50169	40.60
武汉	191200	64061	29095	18.81
郑州	252000	76604	26597	25.50
成都	541000	101143	37929	28.53
重庆	412000	92694	22685	26.64
西安	543000	43205	26675	46.93

3.3 副省级城市比较

我国自 1994 年正式实施副省级行政建制市体制以来，目前共有 15 个城市被列为副省级市，分别是广州、武汉、哈尔滨、沈阳、成都、南京、西安、长春、济南、杭州、大连、青岛、深圳、厦门和宁波。这 15 个副省级城市，均是 IEFI 指数的样本城市。

表 3.3.1　副省级城市“双创”金融指数横向排名比较

城市	综合指数		“双创”金融机构		“双创”金融服务		“双创”金融绩效		“双创”金融政策		“双创”金融生态	
	得分	排名	得分	排名	得分	排名	得分	排名	得分	排名	得分	排名
深圳	88.30	1	22.05	1	17.74	1	13.23	1	7.74	2	27.54	1
广州	49.78	2	6.12	3	8.79	5	6.26	2	5.92	3	22.69	2
成都	49.58	3	5.91	4	11.02	3	3.30	5	7.79	1	21.56	3
杭州	48.83	4	10.10	2	11.94	2	5.44	3	4.66	7	16.69	5
南京	36.00	5	5.70	5	9.14	4	2.68	8	5.26	6	13.23	6
西安	35.71	6	3.69	8	4.96	11	2.07	10	3.78	10	21.20	4
武汉	30.17	7	5.46	6	5.87	7	3.68	4	2.99	13	12.18	8
宁波	28.76	8	4.11	7	7.36	6	2.75	6	4.50	8	10.03	11
青岛	26.78	9	2.80	12	5.56	8	2.19	9	3.54	12	12.71	7
厦门	26.32	10	2.55	13	5.22	9	2.71	7	5.40	5	10.43	10
济南	23.14	11	2.40	14	5.19	10	1.07	13	3.70	11	10.79	9
大连	22.57	12	3.45	10	4.75	12	1.19	12	5.44	4	7.73	14
沈阳	22.46	13	3.45	11	4.47	13	1.67	11	4.00	9	8.86	12
长春	16.64	14	3.56	9	3.82	14	0.79	14	2.29	14	6.17	15
哈尔滨	16.50	15	2.36	15	3.25	15	0.68	15	2.14	15	8.08	13

- 15 个副省级城市中，深圳排名第 1，得分遥遥领先其他城市，综合得分超出第 2 名将近 80%，“双创”金融发展水平位于第一梯队。
- 广州、成都和杭州得分十分接近，排名分列第 2、第 3 和第 4，“双创”金融发展水平在副省级城市中位于第二梯队。
- 南京、西安和武汉综合排名分列第 5、第 6 和第 7，“双创”金融发展水平在副省级城市中位于第三梯队。
- 整体来看，除东北地区的 4 个城市外，其他副省级城市在“双创”金融发展水平上显著高于全国平均水平。

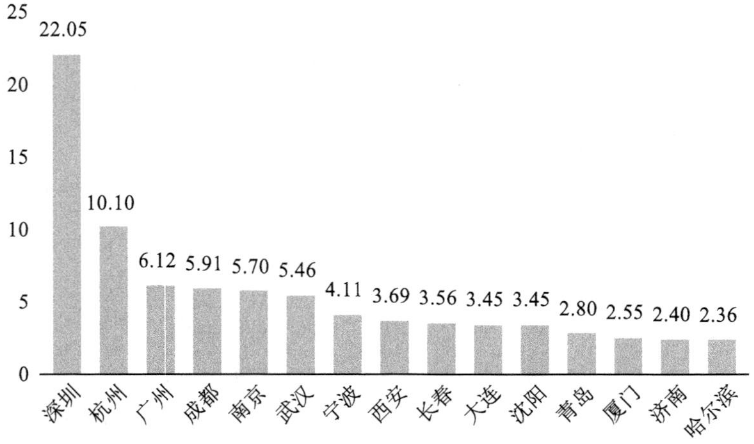

图 3.3.1　副省级城市“双创”金融机构得分比较

表 3.3.2　副省级城市在“双创”金融机构方面主要指标比较

城市	私募股权投资机构数/家	管理资金规模/亿美元
深圳	4426	3175.8
杭州	1598	896.0
广州	854	458.5
成都	735	85.2
宁波	726	93.9
武汉	564	181.1
南京	498	446.0
厦门	478	56.6
西安	326	88.3
青岛	278	86.1
济南	228	111.9
大连	156	25.3
哈尔滨	129	8.1
长春	128	24.1
沈阳	122	38.7

- 深圳在“双创”金融机构方面的表现一枝独秀，得分远超其他副省级城市。根据清科统计的数据，2018 年底深圳拥有各类私募股权

投资机构 4426 家，管理的资金规模合计达到约 3176 亿美元，机构数量和规模均排名副省级城市第 1。

- 杭州在“双创”金融机构方面表现也很出色，私募股权投资机构数量和管理资金规模也远超副省级城市平均水平。

- 广州、成都和宁波三者在私募股权投资机构数量方面表现基本相当。

- 相对来说，东北地区的 4 个副省级城市表现不甚理想，机构数量和规模均较其他副省级城市有相当大的差距。

表 3.3.3　副省级城市在“双创”金融服务方面主要指标比较

城市	私募股权投资/亿元	并购融资/亿元	境内股票市场融资/亿元	股权融资合计/亿元
深圳	407.9	1357.3	1007.2	2772.4
杭州	1311.6	218.5	112.0	1642.0
成都	75.2	1264.9	243.7	1583.7
南京	368.7	223.7	492.6	1085.1
广州	227.5	243.3	173.8	644.6
大连	73.0	124.6	187.0	384.7
宁波	93.1	140.4	125.5	359.0
武汉	39.3	180.3	76.4	296.0
西安	127.0	5.1	66.2	198.3
厦门	16.4	105.7	43.3	165.3
青岛	8.3	65.0	29.9	103.3
济南	10.0	60.1	1.3	71.4
长春	20.4	17.5	29.6	67.4
沈阳	10.4	8.2	10.2	28.7
哈尔滨	4.3	15.7	4.7	24.6

- 在“双创”金融服务方面，深圳依然表现最佳。2018 年，深圳全年发生 382 起私募股权投资事件、212 起并购事件，通过私募股权投

资、并购以及 A 股市场等方式获得的股权融资合计达到 2772.4 亿元，股权融资服务支持力度排名副省级城市首位。

● 杭州和成都的股权融资服务也表现的可圈可点，股权融资规模仅次于深圳。其中，杭州 2018 年发生 308 起股权投资案例，私募股权融资合计达到 1311 亿元，在规模方面排名副省级第 1；成都 2018 年发生 47 起并购事件，并购规模达到 1264.9 亿元，排名副省级城市第 2。

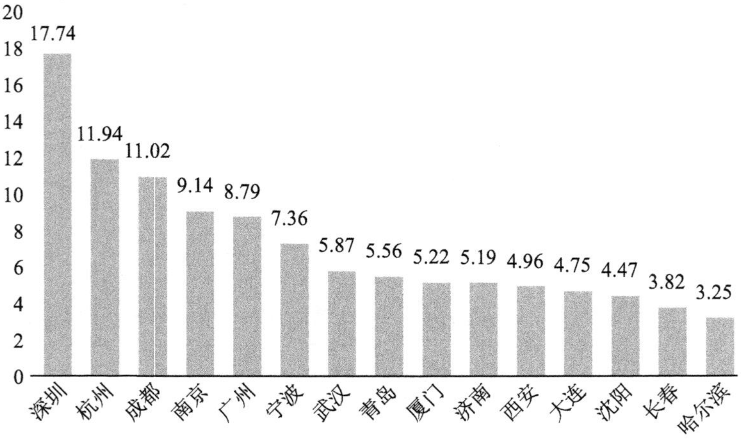

图 3.3.2 副省级城市“双创”金融服务得分比较

● 南京在境内股票融资方面表现仅次于深圳，2018 年全年融资规模达到 492.6 亿元，在 15 个副省级城市中排名第 2。

● 深圳在“双创”金融绩效方面表现优异，排名副省级城市第 1。2018 年深圳的创业板上市公司数 89 家，新三板挂牌数 613 家，区域股交市场挂牌数 4813 家，数量均是副省级城市中最多的。

● 广州在“双创”金融绩效方面排名副省级城市第 3，其新三板挂牌企业数和区域股交市场企业挂牌数均排名副省级城市第 2。

● 杭州在“双创”金融绩效方面排名副省级城市第 3，其拥有的“独角兽”企业数量排名第 1，创业板上市公司数排名第 2。

● 相对来说，东北的 4 个副省级城市表现不理想，创业板上市公司和新三板挂牌企业数量几乎与其他副省级城市差了一个量级。

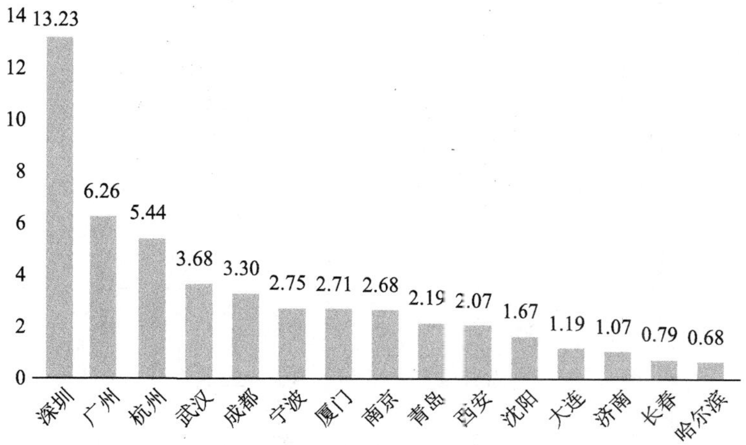

图 3.3.3　副省级城市"双创"金融绩效得分比较

表 3.3.4　副省级城市在"双创"金融绩效方面主要指标比较

城市	创业板上市数	新三板挂牌数	区域股交市场挂牌数	"独角兽"企业数
深圳	89	613	4813	14
广州	26	372	3095	3
杭州	38	299	2429	17
武汉	16	243	1899	5
成都	25	209	985	1
宁波	13	119	1796	1
厦门	12	150	1753	0
南京	20	205	639	2
青岛	4	100	1388	0
西安	8	139	728	0
沈阳	4	62	1057	1
大连	2	86	700	0
济南	3	136	332	0
长春	3	42	381	0
哈尔滨	2	55	316	0

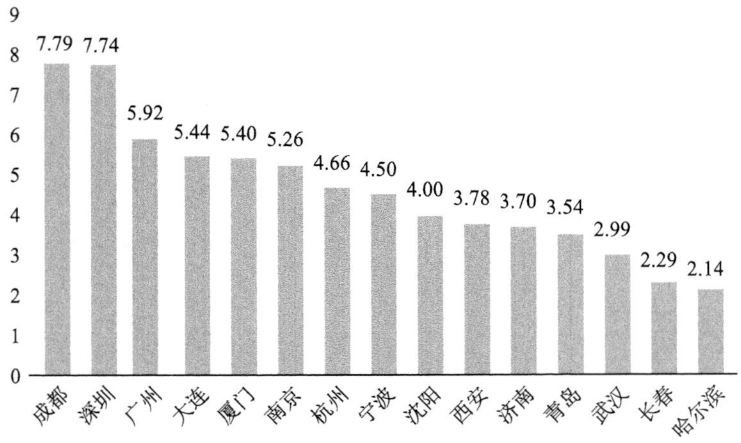

图 3.3.4 副省级城市“双创”金融政策得分比较

• 在“双创”金融政策支持力度方面，成都与深圳几乎不相上下，分列副省级城市第 1 和第 2 位。

表 3.3.5 副省级城市在“双创”金融政策指标评分比较

城市	“双创”金融机构发展扶持力度	“双创”金融服务引导支持力度	“双创”金融生态优化促进力度
成都	4.04	2.28	1.47
深圳	2.57	2.17	3.00
南京	1.07	1.99	2.19
广州	2.00	1.70	2.22
大连	2.08	1.56	1.80
杭州	1.88	1.52	1.26
武汉	0.67	1.45	0.87
沈阳	1.10	1.37	1.53
西安	1.94	1.30	0.54
厦门	3.12	1.20	1.08
宁波	2.16	1.02	1.32
济南	2.30	0.97	0.42
哈尔滨	0.89	0.83	0.42
长春	0.60	0.79	0.90
青岛	0.69	0.72	2.13

● 在对“双创”金融机构的发展扶持政策方面，成都的政策支持力度最大，厦门紧随其后。

● 在“双创”金融服务引导支持方面，成都、深圳和南京的支持力度分列副省级城市前三位。

● 在“双创”金融生态优化促进政策方面，深圳政策支持力度最大，远胜于其他副省级城市。

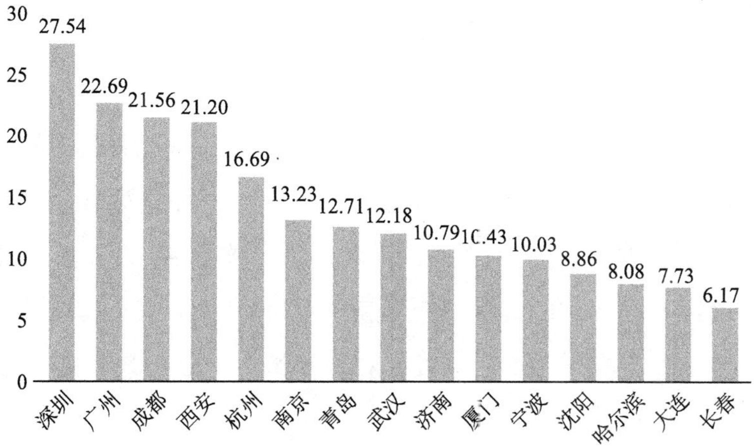

图 3.3.5　副省级城市“双创”金融生态得分比较

表 3.3.6　副省级城市在“双创”金融生态方面主要指标比较

城市	新设市场主体数	新增商标注册件数	新增发明专利授权量	人口净增长数/万人
深圳	485000	326915	70000	49.83
广州	411100	274861	50169	40.6
成都	541000	101143	37929	28.53
西安	543000	43205	26675	46.93
杭州	224000	142899	36539	33.8
南京	216000	56194	40652	10.12
青岛	284000	47695	22518	10.43
武汉	191200	64061	29095	18.81

续 表

城市	新设市场主体数	新增商标注册件数	新增发明专利授权量	人口净增长数/万人
济南	188000	40435	13685	13.88
厦门	135000	74939	5812	10
宁波	171313	47425	25483	19.7
沈阳	173000	28903	9872	—
哈尔滨	145000	28308	9455	-7.1
大连	114100	18638	9924	—
长春	145355	21693	6256	-24

注：“—”表示数据缺失。

- 深圳在“双创”金融生态方面表现最佳，排名副省级城市首位。2018 年，深圳新增商标注册件数 32.7 万件，新增发明专利授权量 7 万条，均排名副省级城市第一；新设市场主体数 48.5 万家，排名副省级城市第 4。与此同时，深圳全年新增人口 49.8 万人，排名第 1。
- 2018 年，深圳、广州、成都和西安等 4 个城市当年新设市场主体数均突破 40 万家。
- 广州、成都和西安排名紧随其后，三者在“双创”金融生态方面表现不相上下，分列第 2 至第 4 位。其中，西安和成都在创业活跃度方面表现亮眼，二者的 2018 年新设市场主体数均超过了 54 万家。
- 东北地区的 4 个副省级城市基本处于垫底位置，创新创业活跃度均不是很高，而且城市人口呈现净流出状态。

3.4 东北地区比较

东北地区指的是东北三省，黑龙江、辽宁、吉林，进入本期 IEFI 指数评价榜单的样本城市共有 4 个属于东北地区，分别是大连、沈阳、长春和哈尔滨。

表 3.4.1　东北地区各城市“双创”金融指数评价比较

城市	综合指数		“双创”金融机构		“双创”金融服务		“双创”金融绩效		“双创”金融政策		“双创”金融生态	
	得分	排名	得分	排名	得分	排名	得分	排名	得分	排名	得分	排名
大连	22.57	21	3.45	18	4.75	21	1.19	24	5.44	5	7.73	24
沈阳	22.46	22	3.45	19	4.47	23	1.67	20	4.00	17	8.86	20
长春	16.64	29	3.56	17	3.82	30	0.79	28	2.29	29	6.17	30
哈尔滨	16.50	30	2.36	28	3.25	31	0.68	29	2.14	30	8.08	22

● 本期大连、沈阳、长春和哈尔滨四个城市分列东北地区第 1、第 2、第 3 和第 4 名。

● 整体来看，东北地区的城市在“双创”金融发展方面处于相对落后地位，排名最靠前的大连也仅处于全国中下游水平。

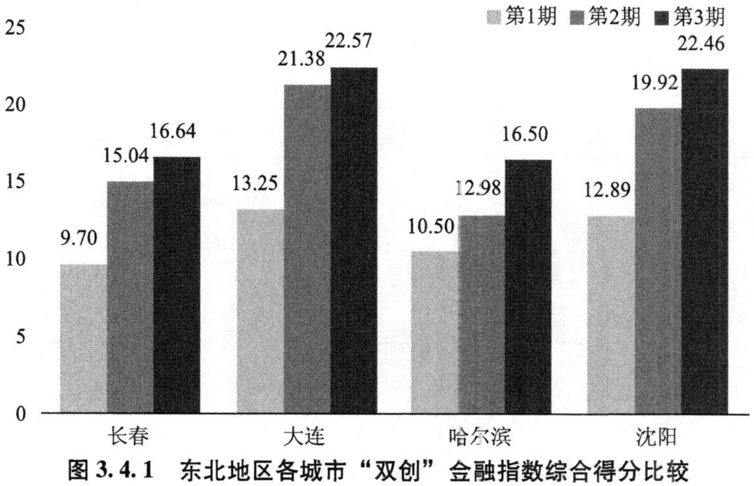

图 3.4.1　东北地区各城市“双创”金融指数综合得分比较

● 东北地区四个城市在综合得分方面均保持了稳步增长态势，大连和沈阳的表现要显著优于同区域的长春和哈尔滨。

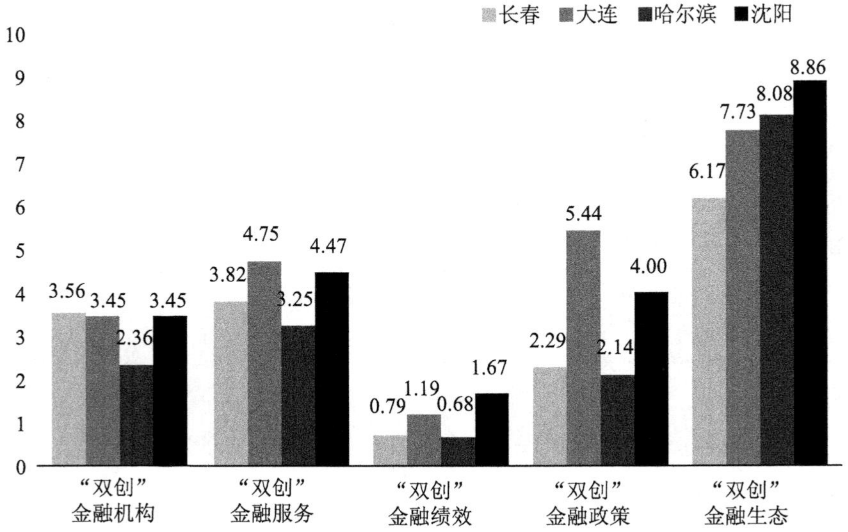

图 3.4.2　东北地区各城市在第 3 期 IEFI 的分项得分比较

• 从综合得分构成来看，大连在“双创”金融服务和“双创”金融政策方面要显著优于同地区其他城市，沈阳在“双创”金融绩效和“双创”金融生态方面区域表现最优。

表 3.4.2　东北地区各城市在“双创”金融机构方面主要指标比较

城市	大连	沈阳	长春	哈尔滨
私募股权投资机构数/家	156	122	128	129
私募机构资金管理规模/亿美元	25. 3	38. 7	24. 1	8. 1
融资租赁机构数/家	84	6	0	3

• 在东北地区内，大连的“双创”金融机构数量是最多的。截至 2018 年底，大连拥有各类私募股权投资机构 156 家，资金管理规模合计 25. 3 亿美元；融资租赁机构 84 家。

• 沈阳的私募投资机构资金管理规模在本地区是最大的，2018 年达到了 38. 7 亿美元。

表 3.4.3　东北地区各城市在“双创”金融服务方面主要指标比较

城市	长春	大连	哈尔滨	沈阳
年度股权投资案例数	7	8	9	8
年度股权投资融资规模/亿元	20.37	73.00	4.28	10.36
年度境内股票市场融资规模/亿元	29.59	187.04	4.70	10.19
年度并购次数	13	14	10	18
年度并购规模/亿元	17.46	124.63	15.66	8.16
银行小微企业贷款余额/亿元	2116.35	1712.30	1416.57	3026.10

- 东北地区的私募股权投资并不活跃，各城市年度股权投资案例数均在个位数。相对来说，大连在股票市场融资方面表现要好一些，2018 年全年融资规模达到了 187 亿元，是区域内其他城市总和的 4 倍有余。

- 沈阳在支持小微企业的间接融资服务方面区域表现最佳，2018 年末银行小微企业贷款余额达到了 3026 亿元，小微企业贷款余额占贷款总额的比重也是区域城市中最高的。

表 3.4.4　东北地区各城市在“双创”金融绩效方面主要指标比较

城市	长春	大连	哈尔滨	沈阳
创业板上市公司数量	3	2	2	4
上市公司总市值/亿元	116.60	54.62	27.48	258.46
新三板挂牌公司数量	42	86	55	62
新三板挂牌公司注册资本规模/亿元	19.55	39.70	42.18	50.66
区域股交市场挂牌公司数量	381	700	316	1057
区域股交市场挂牌公司注册资本规模/亿元	100.37	165.60	50.90	208.96
年末“独角兽”企业数	0	0	0	1

- 沈阳在区域股权交易市场的挂牌企业数量稳居区域第 1，2018

年末达到了1057家，挂牌企业注册资本规模合计208.96亿元。

- 大连的新三板挂牌企业数量排名区域第1，2018年末达到了86家。

- 在“独角兽”企业培育方面，沈阳拥有东北地区唯一的1家公司。

表3.4.5　东北地区各城市在“双创”金融政策指标评分比较

城市	“双创”金融机构发展扶持力度	“双创”金融服务引导支持力度	“双创”金融生态优化促进力度
大连	2.08	1.56	1.80
沈阳	1.10	1.37	1.53
长春	0.60	0.79	0.90
哈尔滨	0.89	0.83	0.42

- 大连的“双创”金融政策在东北地区表现最优，其支持力度排名全国第5，各个方面都要优于同区域其他城市。

表3.4.6　东北地区各城市在“双创”金融生态方面主要指标比较

城市	长春	大连	哈尔滨	沈阳
当年新设市场主体数	145355	114100	145000	173000
当年新增商标注册件数	21693	18638	28308	28903
百度热搜指数	13861	22065	26851	18816
国家高新技术企业数量	650	1200	614	847
研发投入强度/%	0.73	2.23	1.52	2.39%
新增发明专利申请量	6256	9924	9455	9872
SCI论文发表数	11301	8493	54	9535
在校大学生数量/万人	49.13	32.95	61.83	45.92
人口净增长数/万人	-24.00	—	-7.10	—
科研人员数量/万人	2.99	5.17	4.34	5.25

注：“—”表示数量缺失。

● 沈阳创新创业活跃度在东北地区表现最优。2018 年，沈阳新设市场主体数 17.3 万家，新增商标注册件数 2.9 万件，研发投入强度 2.39%，三项均排名地区第一。

● 值得注意的是，在“双创”人才支撑方面，东北地区各城市表现堪忧，人口基本处于净流出状态，2018 年长春和哈尔滨人口分别净流出了 24 万人和 7.1 万人（大连和沈阳缺少官方统计数据）。

3.5　北部沿海地区比较

北部沿海地区包括北京、天津、河北以及山东四省或直辖市组成的京津冀经济圈和山东半岛经济圈，进入本期 IEFI 指数评价榜单的样本城市共有 4 个属于该地区，分别是天津、青岛、济南和石家庄。

表 3.5.1　北部沿海地区各城市“双创”金融指数评价比较

城市	综合指数		“双创”金融机构		“双创”金融服务		“双创”金融绩效		“双创”金融政策		“双创”金融生态	
	得分	排名	得分	排名	得分	排名	得分	排名	得分	排名	得分	排名
天津	31.57	11	6.63	5	8.05	9	2.10	16	3.00	26	11.79	15
青岛	26.78	17	2.80	24	5.56	15	2.19	14	3.54	23	12.71	12
济南	23.14	20	2.40	27	5.19	18	1.07	25	3.70	21	10.79	17
石家庄	20.48	25	2.58	25	4.42	24	0.81	27	3.94	18	8.72	21

● 本期天津、青岛、济南和石家庄四个城市分别排名全国第 11、第 17、第 20 和第 25。

● 整体来看，北部沿海地区仅天津在“双创”金融发展方面具备较好的比较优势，其他各城市处于相对落后地位。

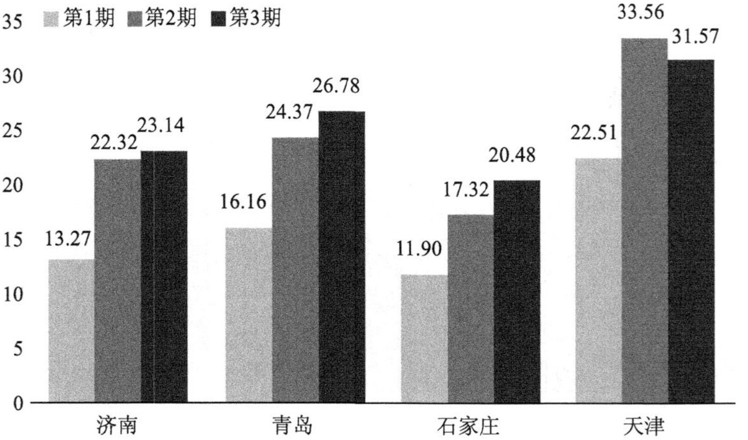

图 3.5.1　北部沿海地区各城市“双创”金融指数综合得分比较

• 北部沿海地区四个城市在综合得分方面基本保持了稳步增长态势，仅天津得分在本期出现了小幅减少。

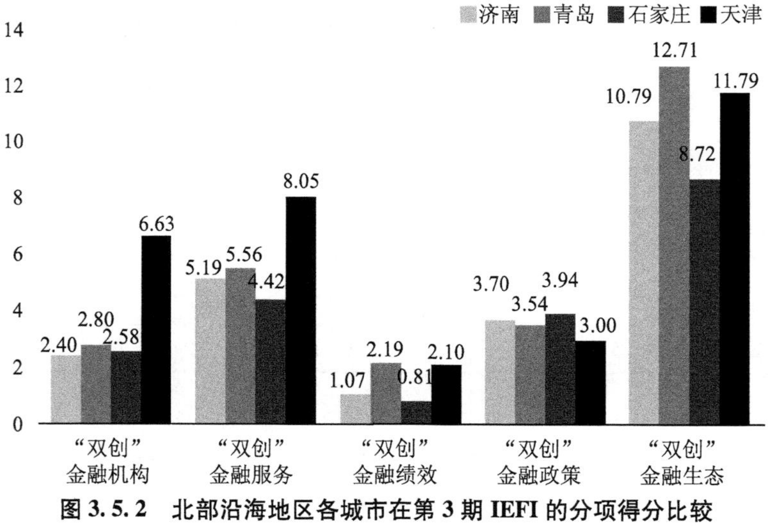

图 3.5.2　北部沿海地区各城市在第 3 期 IEFI 的分项得分比较

• 从综合得分构成来看，天津在“双创”金融机构、“双创”金融服务方面要显著优于同地区其他城市，青岛则在“双创”金融生态方面区域表现最优，各城市在“双创”金融政策方面基本旗鼓相当。

表 3.5.2　北部沿海地区各城市在“双创”金融机构方面主要指标比较

城市	天津	青岛	石家庄	济南
私募股权投资机构数/家	639	278	231	228
私募机构资金管理规模/亿美元	447.9	86.1	59.7	111.9
新型民营银行规模/亿元	188.6	0	0	0
融资租赁机构数/家	2007	130	3	39

- 在区域内，天津的“双创”金融机构数量是最多的。截至 2018 年底，天津拥有各类私募股权投资机构 639 家，资金管理规模合计 447.9 亿美元；拥有区域内唯一一家新型民营银行，规模达到 188.6 亿元；年末融资租赁机构 2007 家，数量排名全国第 3。

表 3.5.3　北部沿海地区各城市在“双创”金融服务方面主要指标比较

城市	济南	青岛	石家庄	天津
年度股权投资案例数	8	24	5	42
年度股权投资融资规模/亿元	10.04	8.30	4.30	51.09
年度境内股票市场融资规模/亿元	1.34	29.93	80.96	27.56
年度并购次数	21	55	7	57
年度并购规模/亿元	60.06	65.05	4.15	652.18
一般贷款平均利率/%	5.51	5.51	6.73	4.88

- 北部沿海地区的私募股权投资整体并不活跃，天津相对来说表现要好一些。2018 年，天津全年发生了 42 起私募股权投资案例和 57 起并购案例，融资规模累计达到了 703 亿元，超过区域内其他城市总和。
- 在间接融资服务方面，天津的融资成本在区域中是最低的，2018 年本地区的一般贷款平均利率为 4.88%，低石家庄将近 2 个百分点。

表 3.5.4　北部沿海地区各城市在“双创”金融绩效方面主要指标比较

城市	济南	青岛	石家庄	天津
创业板上市公司数量	3	4	4	8
创业板上市公司总市值/亿元	73.68	312.06	136.11	299.66
新三板挂牌公司数量	136	100	66	190
新三板挂牌公司注册资本规模/亿元	115.30	64.54	27.67	99.50
区域股交市场挂牌公司数量	332	1388	444	1073
区域股交市场挂牌公司注册资本规模/亿元	85.95	250.01	72.19	166.40
年末“独角兽”企业数	0	0	0	2

- 青岛在区域股权交易市场的挂牌企业数量和企业规模稳居区域第 1，2018 年末达到了 1388 家，挂牌企业注册资本规模合计 250 亿元。
- 天津的新三板挂牌企业数量排名区域第 1，2018 年末达到了 190 家。
- 在“独角兽”企业培育方面，天津拥有本地区仅有的 2 家公司。

表 3.5.5　北部沿海地区各城市在“双创”金融政策指标评分比较

城市	“双创”金融机构发展扶持力度	“双创”金融服务引导支持力度	“双创”金融生态优化促进力度
石家庄	0.49	1.78	1.68
济南	2.30	0.97	0.42
青岛	0.69	0.72	2.13
天津	1.07	0.76	1.17

- 在对“双创”金融机构的政策扶持方面，济南表现最优，扶持力度为区域最大。
- 在“双创”金融服务政策支持方面，石家庄在区域中表现最优。

● 在“双创”金融生态优化促进政策方面，青岛政策支持力度最大。

表 3.5.6　北部沿海地区各城市在“双创”金融生态方面主要指标比较

城市	济南	青岛	石家庄	天津
当年新设市场主体数	188000	284000	194000	221100
当年新增商标注册件数	40435	47695	42135	41496
百度热搜指数	18740	27183	17977	24188
国家高新技术企业数量	1074	3112	729	5038
研发投入强度/%	2.57	2.78	1.98	2.47
新增发明专利申请量	13685	22518	3468	25652
SCI 论文发表数	11113	11732	2814	16809
在校大学生数量/万人	54.44	34.62	47.60	57.50
人口净增长数/万人	13.88	10.43	7.17	2.73
科研人员数量/万人	8.48	7.99	2.90	16.56

● 青岛的创新创业活跃度在本地区表现最优。2018 年，青岛新设市场主体数 28.4 万家，新增商标注册件数 4.8 万件，本地区的百度热搜指数超过 27183 条，三项均排名本地区第一。

● 在“双创”人才支撑方面，济南表现最好，2018 年人口净流入 13.9 万人（未包括莱芜行政区划合并因素），远高于同区域其他城市。

3.6　东部沿海地区比较

东部沿海地区包括浙江和江苏两省，是长江三角洲地区的核心区域，进入本期 IEFI 指数评价榜单的样本城市共有 6 个属于该地区，分别是杭州、苏州、南京、宁波、无锡和温州。

表 3.6.1　东部沿海地区各城市“双创”金融指数评价比较

城市	综合指数		“双创”金融机构		“双创”金融服务		“双创”金融绩效		“双创”金融政策		“双创”金融生态	
	得分	排名	得分	排名	得分	排名	得分	排名	得分	排名	得分	排名
杭州	48.83	6	10.10	4	11.94	5	5.44	5	4.66	11	16.69	8
苏州	39.89	7	5.42	11	12.77	4	2.66	12	5.06	9	13.98	9
南京	36.00	9	5.70	8	9.14	7	2.68	11	5.26	8	13.23	11
宁波	28.76	13	4.11	12	7.36	12	2.75	9	4.50	12	10.03	19
无锡	24.41	19	2.81	23	7.86	11	1.78	19	4.10	14	7.86	23
温州	20.56	24	2.84	22	5.34	16	0.92	26	3.88	19	7.58	25

- 本期杭州、苏州、南京、宁波、无锡和温州这 6 个城市分别排名全国第 6、第 7、第 9、第 13、第 19 和第 24。
- 整体来看，东部沿海地区“双创”金融发展水平较高，本地区有 3 个城市综合排名进入全国前十行列。

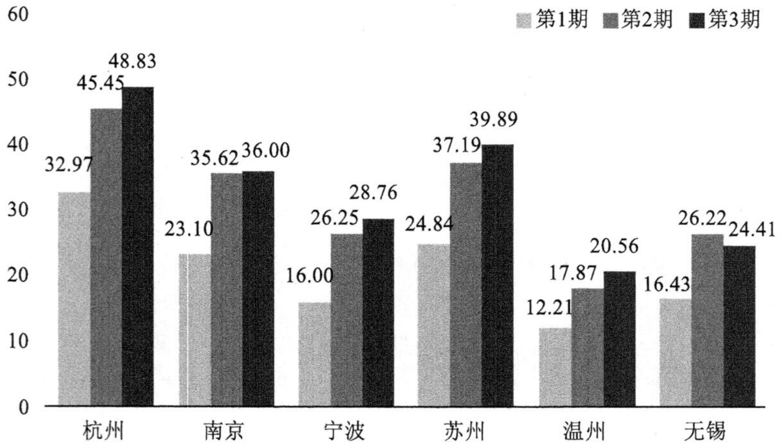

图 3.6.1　东部沿海地区各城市“双创”金融指数综合得分比较

- 东部沿海地区的 5 个城市在综合得分方面基本保持了稳步增长态势，仅无锡得分在本期出现了小幅减少。
- 杭州和苏州保持着相对较高的增长，但增速较上期均有所放缓。

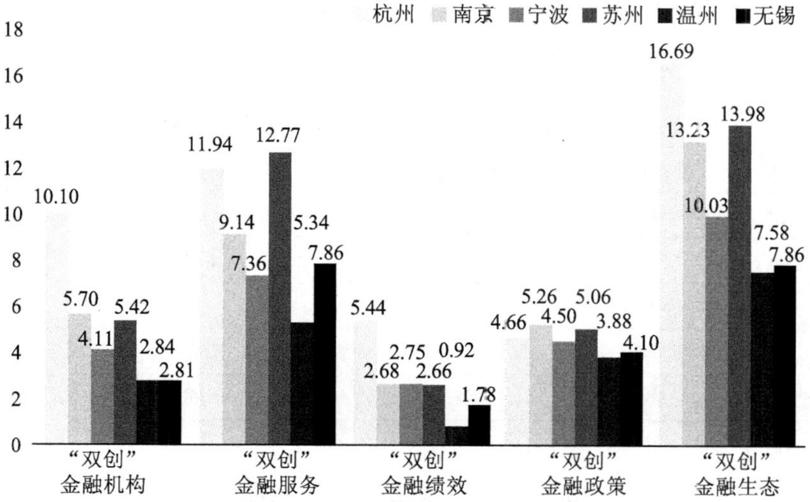

图 3.6.2　东部沿海地区各城市在第 3 期 IEFI 的分项得分比较

• 从综合得分构成来看，杭州在"双创"金融机构、"双创"金融绩效和"双创"金融生态方面要显著优于同地区其他城市，而苏州在"双创"金融服务方面表现最优，各城市在"双创"金融政策方面表现相差无几。

表 3.6.2　东部沿海地区各城市在"双创"金融机构方面主要指标比较

城市	杭州	苏州	宁波	南京	无锡	温州
私募股权投资机构数/家	1598	709	726	498	183	84
私募机构资金管理规模/亿美元	896.0	446.1	93.9	446.0	24.6	8.1
新型民营银行数	1	0	0	1	0	1
新型民营银行规模/亿元	781.7	0	0	323.7	0	103.1

• 在私募股权投资机构方面，杭州无疑是区域内表现最优的。无论是数量还是规模，均要远胜于区域其他城市。截至 2018 年底，杭州拥有各类私募股权投资机构 1598 家，资金管理规模合计 896 亿美元，数量和规模均排名全国第 4。

• 东部沿海地区有 3 个城市都拥有 1 家新型民营银行，其中杭州的发展规模最大，已经达到781.7亿元。

表3.6.3 东部沿海地区各城市在“双创”金融服务方面主要指标比较

城市	杭州	南京	宁波	苏州	温州	无锡
年度股权投资案例数	308	87	35	84	3	28
年度股权投资融资规模/亿元	1311.56	368.74	93.07	203.58	1.10	77.85
年度境内股票市场融资规模/亿元	112.01	492.61	125.52	687.47	2.37	112.93
年度并购次数	83	48	61	75	20	42
年度并购规模/亿元	218.47	223.70	140.44	1084.16	15.19	245.63
银行小微企业贷款余额/亿元	6288.54	4990.00	4925.15	5862.00	2185.52	3343.34

- 东部沿海地区的私募股权投资活动普遍要活跃一些，杭州相对表现最优。2018年，杭州全年发生了308起私募股权投资案例和83起并购案例，融资规模累计达到了1530亿元，超过区域内其他城市总和。
- 在间接融资服务方面，杭州的服务支持力度也是最大的，2018年末本地区银行小微企业贷款余额达到了6288.54亿元，区域排名第1。

表3.6.4 东部沿海地区各城市在“双创”金融绩效方面主要指标比较

城市	杭州	南京	宁波	苏州	温州	无锡
创业板上市公司数量	38	20	13	16	2	14
创业板上市公司总市值/亿元	2453.62	749.51	363.24	510.16	68.54	686.03
新三板挂牌公司数量	299	205	119	249	48	142
区域股交市场挂牌公司数量	2429	639	1796	1064	569	566
年末“独角兽”企业数	17	2	1	1	0	1
新增发明专利授权量	10267	11090	5305	10845	3415	4826

- 杭州在创业板、新三板和区域股权交易市场的上市挂牌企业数量稳居区域第1，2018年末分别达到了38家、299家和2429家。与此同时，杭州拥有17家“独角兽”企业，数量排名全国第3。

● 南京在新增发明专利授权量上达到 1.1 万件，排名区域第 1。

表 3.6.5　东部沿海地区各城市在“双创”金融政策指标评分比较

城市	“双创”金融机构发展扶持力度	“双创”金融服务引导支持力度	“双创”金融生态优化促进力度
南京	1.07	1.99	2.19
苏州	0.72	1.79	2.55
杭州	1.88	1.52	1.26
宁波	2.16	1.02	1.32
无锡	0.86	1.68	1.56
温州	1.52	1.13	1.23

● 在对“双创”金融机构的政策扶持方面，宁波政策扶持力度在区域中最大，较其他城市有显著优势。

● 在“双创”金融服务政策支持方面，南京在区域中表现最优，苏州次之，差距并不明显。

● 在“双创”金融生态优化促进政策方面，苏州政策支持力度最大。

表 3.6.6　东部沿海地区各城市在“双创”金融生态方面主要指标比较

城市	杭州	南京	宁波	苏州	温州	无锡
当年新设市场主体数	224000	216000	171313	255000	-	126900
当年新增商标注册件数	142899	56194	47425	96593	83971	26616
百度热搜指数	32939	35240	21288	29677	15561	19170
国家高新技术企业数量	2844	3126	1977	5416	959	1669
研发投入强度/%	3.16	1.31	2.46	2.80	1.67	2.55
新增发明专利申请量	36539	40652	25483	50116	13132	20122
SCI 论文发表数	19915	35740	3929	6869	2767	3372
在校大学生数量/万人	48.95	72.15	15.61	23.69	10.94	11.27
人口净增长数/万人	33.80	10.12	19.70	3.77	3.50	2.15
科研人员数量/万人	8.39	7.52	9.97	15.58	5.31	8.57

• 杭州的创新创业活跃度在本地区表现最优，苏州紧随其后，差距并不明显。

• 2018 年，杭州新设市场主体数达到 22.4 万家，新增商标注册约 14.3 万件，分别排名本地区第 2 和第 1。

• 南京在科研教育方面存在较强优势，在校大学生数和 SCI 论文发表数均远高于本地区其他城市。

• 东部地区整体都表现为人口净流入状态，其中杭州的表现最为优异。2018 年，杭州人口净流入达到 33.8 万人，几乎是同区域其他城市人口流入的总和。

3.7 南部沿海地区比较

南部沿海地区主要包括福建、广东、海南三省，进入本期 IEFI 指数评价榜单的样本城市共有 3 个属于该地区，分别是广州、厦门和福州。

表 3.7.1 南部沿海地区各城市“双创”金融指数评价比较

城市	综合指数		“双创”金融机构		“双创”金融服务		“双创”金融绩效		“双创”金融政策		“双创”金融生态	
	得分	排名	得分	排名	得分	排名	得分	排名	得分	排名	得分	排名
广州	49.78	4	6.12	6	8.79	8	6.26	4	5.92	4	22.69	4
厦门	26.32	18	2.55	26	5.22	17	2.71	10	5.40	7	10.43	18
福州	20.82	23	3.69	16	4.65	22	1.38	22	3.68	22	7.42	26

• 本期广州、厦门和福州的“双创”金融指数分别排名全国第 4、第 18 和第 23。

• 整体来看，广州在本地区具有绝对性的领先优势，远超本区域其他各城市。

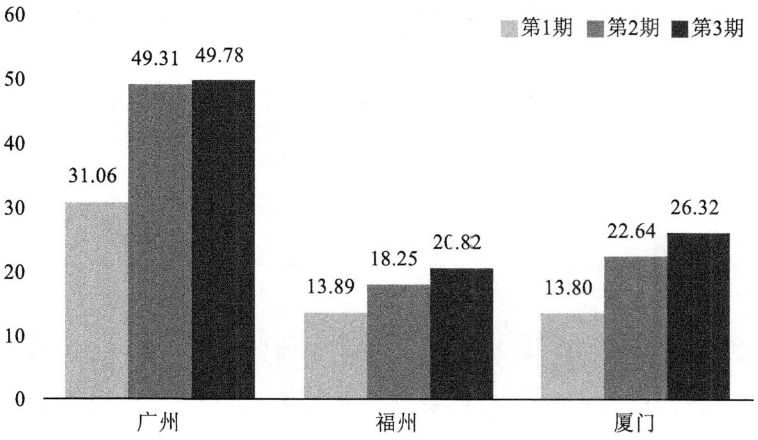

图 3.7.1　南部沿海地区各城市“双创”金融指数综合得分比较

• 福州和厦门保持了稳步增长态势，广州在经历了上一期大幅增长之后放缓了势头。

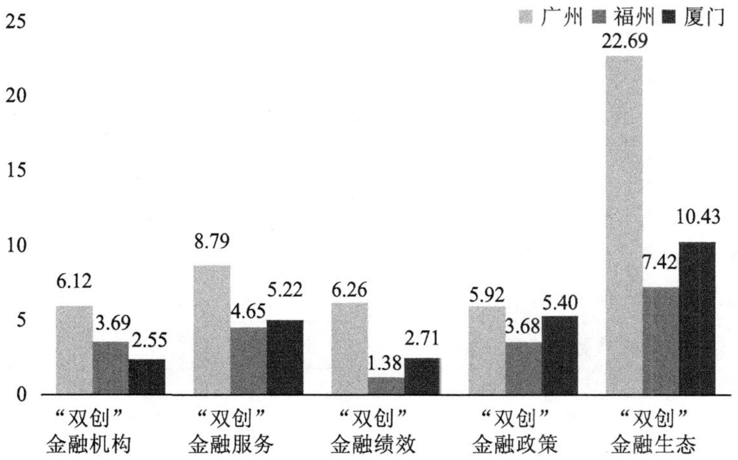

图 3.7.2　南部沿海地区各城市在第 3 期 IEFI 的分项得分比较

• 从综合得分构成来看，广州在南部沿海地区的优势是全面性的，各个方面均是所在地区的最优表现。

● 厦门在“双创”金融政策支持力度方面的表现跟广州相差无几，存在较强的竞争优势。

表 3.7.2 南部沿海地区各城市在“双创”金融机构方面主要指标比较

城市	广州	厦门	福州
私募股权投资机构数/家	854	478	167
私募机构资金管理规模/亿美元	458.5	56.6	238.6
新型民营银行规模/亿元	0	0	41.2
融资租赁机构数/家	447	36	383

● 广州在南部沿海地区的“双创”金融机构资源是最丰富的。截至 2018 年底，广州拥有各类私募股权投资机构 854 家，资金管理规模合计 458.5 亿美元；融资租赁机构 447 家。

● 厦门在私募股权投资机构集聚方面表现良好，拥有各类私募股权投资机构 478 家，股权投资实力排名全国第 12。

● 福州拥有区域内唯一一家新型民营银行，2018 年规模达到 41.2 亿元。

表 3.7.3 南部沿海地区各城市在“双创”金融服务方面主要指标比较

城市	广州	福州	厦门
年度股权投资案例数	163	19	37
年度股权投资融资规模/亿元	227.51	4.15	16.39
年度境内股票市场融资规模/亿元	173.85	17.50	43.26
年度并购次数	100	18	47
年度并购规模/亿元	243.27	40.62	105.69

● 广州的私募股权投资在南部沿海地区表现最为活跃。2018 年全年发生了 163 起私募股权投资案例和 100 起并购案例，融资规模累计达到了约 471 亿元，超过区域内其他城市总和。

• 除广州外，厦门在本地区的私募股权投资相对也较活跃。2018年全年发生了37起私募股权投资案例和47起并购案例。

表 3.7.4　南部沿海地区各城市在“双创”金融绩效方面主要指标比较

城市	广州	福州	厦门
创业板上市公司数量	26	9	12
创业板上市公司总市值/亿元	1061.95	220.49	646.36
新三板挂牌公司数量	372	98	150
新三板挂牌公司注册资本规模/亿元	189.97	55.68	59.85
区域股交市场挂牌公司数量	3095	682	1753
区域股交市场挂牌公司注册资本规模/亿元	761.29	113.99	273.48
年末“独角兽”企业数	3	0	0
新增发明专利授权量	10797	2725	2214

• 广州在南部沿海地区的竞争优势是压倒性的，创业板、新三板以及区域股权交易市场的上市挂牌企业数量和规模均排名本地区第1。

• 厦门在本地区表现明显要优于福州，在企业上市挂牌数量和规模方面均要胜出一筹。

• 在代表创新创业成果集大成的“独角兽”企业培育方面，广州拥有本地区仅有的3家公司。

表 3.7.5　南部沿海地区各城市在“双创”金融政策指标评分比较

城市	“双创”金融机构发展扶持力度	“双创”金融服务引导支持力度	“双创”金融生态优化促进力度
广州	2.00	1.70	2.22
厦门	3.12	1.20	1.08
福州	1.25	0.72	1.71

• 在“双创”金融机构政策扶持方面，厦门表现十分优异，其对

私募股权投资机构、地方金融服务机构等的扶持力度是本地区中最大的。

- 在“双创”金融服务政策引导支持和“双创”金融生态优化促进政策方面，广州均是区域中表现最优的。

表 3.7.6　南部沿海地区各城市在“双创”金融生态方面主要指标比较

城市	广州	福州	厦门
当年新设市场主体数	411100	136400	135000
当年新增商标注册件数	274861	38972	74939
百度热搜指数	32506	15414	24635
国家高新技术企业数量	8700	1027	1626
研发投入强度/%	1.19	1.44	3.27
新增发明专利申请量	50169	9335	5812
SCI 论文发表数	29695	5979	5713
在校大学生数量/万人	113.96	31.39	14.03
人口净增长数/万人	40.60	8.00	10.00
科研人员数量/万人	9.79	9.37	5.67

- 广州的创新创业活跃度在本地区表现最优。2018 年，广州新设市场主体数达到 41.1 万家，新增商标注册件数 27.5 万件，分别排名全国第 4、本地区第 1。
- 人才支撑方面，广州表现亮眼。2018 年人口净流入 40.6 万人，全国排名第 2；在校大学生人数达到了 114 万人，数量排名全国第 1。
- 厦门受限于自身经济体量，在总量规模上并不具优势，不过在研发投入强度上，2017 年达到了 3.27%，本地区排名第 1。

3.8 中部地区比较

中部地区包括山西、安徽、江西、河南、湖北、湖南六省，共有 5 个属于该地区的样本城市进入本期 IEFI 指数评价榜单，分别是武汉、郑州、长沙、合肥和南昌。

表 3.8.1 中部地区各城市“双创”金融指数评价比较

城市	综合指数		“双创”金融机构		“双创”金融服务		“双创”金融绩效		“双创”金融政策		“双创”金融生态	
	得分	排名	得分	排名	得分	排名	得分	排名	得分	排名	得分	排名
武汉	30.17	12	5.46	10	5.87	14	3.68	6	2.99	27	12.18	13
郑州	28.38	14	2.90	21	4.35	25	2.43	13	4.97	10	13.74	10
长沙	27.73	15	3.72	14	5.12	19	3.28	8	4.49	13	11.11	16
合肥	27.16	16	3.42	20	6.36	13	1.39	21	4.06	15	11.93	14
南昌	17.70	26	1.50	31	4.26	27	1.35	23	4.05	16	6.54	28

- 本期中部地区武汉排名第 1，小幅领先郑州、长沙和合肥。

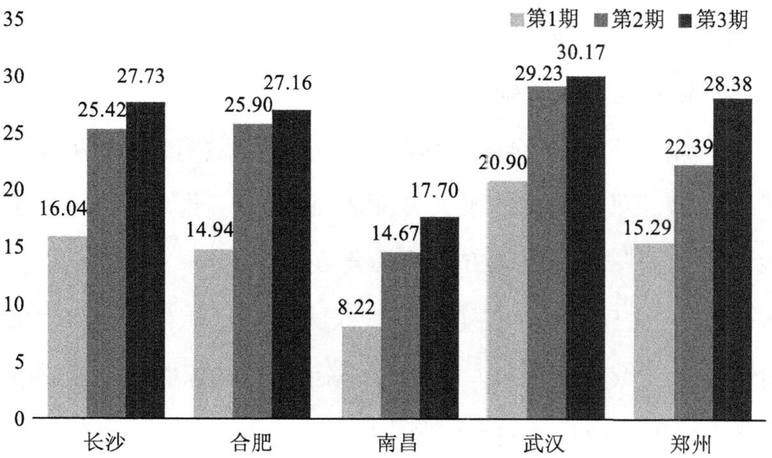

图 3.8.1 中部地区各城市“双创”金融指数综合得分比较

• 除南昌外，中部地区的“双创”金融发展水平整体比较接近，武汉、郑州、长沙、合肥四者的分差基本在10%以内。

• 中部地区5个城市在综合得分方面均保持了稳步增长态势，其中郑州连续两年保持快速增长势头，而上期增长势头迅猛的武汉、长沙和合肥本期增速显著放缓。

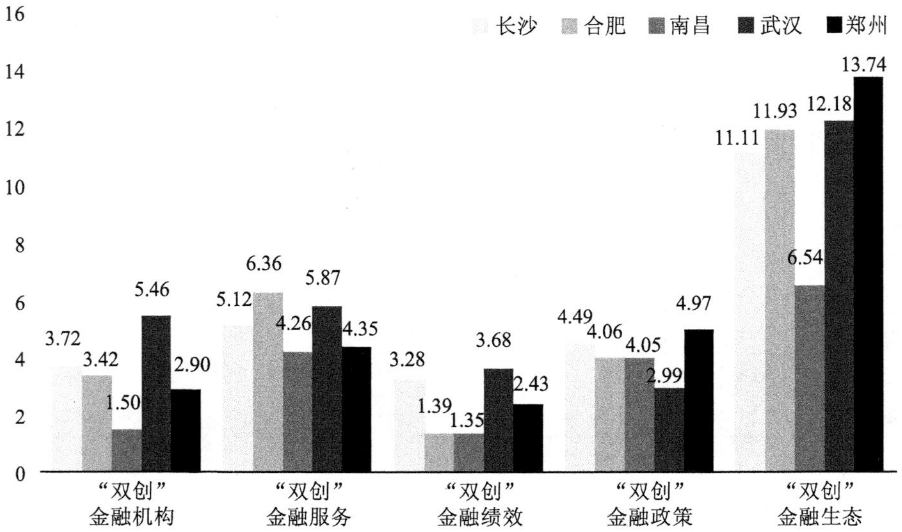

图3.8.2 中部地区各城市在第3期IEFI的分项得分比较

• 从综合得分构成来看，中部地区各城市主要在“双创”金融生态方面具有较好的发展基础。

• 武汉在“双创”金融机构和“双创”金融绩效方面具有区域比较优势，合肥“双创”金融服务方面表现最优，而郑州在“双创”金融政策和“双创”金融生态方面更具竞争优势。

• 在私募股权投资机构方面，武汉无疑是区域内表现最优的，机构数量远胜于区域其他城市。截至2018年底，武汉拥有各类私募股权投资机构564家，数量排名全国第10。

• 中部地区有3个城市都拥有新型民营银行，其中武汉的发展规模最大，达到 145.2 亿元。

表 3.8.2　中部地区各城市在“双创”金融机构方面主要指标比较

城市	武汉	长沙	合肥	郑州	南昌
私募股权投资机构数/家	564	353	212	232	95
私募机构资金管理规模/亿美元	181.1	157.2	130.3	37.1	22.5
新型民营银行数	1	1	1	0	0
新型民营银行规模/亿元	145.2	73.5	25.1	0	0

表 3.8.3　中部地区各城市在“双创”金融服务方面主要指标比较

城市	长沙	合肥	南昌	武汉	郑州
年度股权投资案例数	28	22	4	73	10
年度股权投资融资规模/亿元	9.95	7.69	8.87	39.26	1.92
年度境内股票市场融资规模/亿元	197.76	15.67	8.54	76.37	40.23
年度并购次数	24	38	16	26	13
年度并购规模/亿元	135.11	60.03	83.57	180.33	56.92
一般贷款平均利率/%	6.16	6.02	6.06	5.32	5.93

- 中部地区各城市的私募股权投资活动并不活跃，武汉相对要活跃一些，2018 年武汉发生的股权投资和并购案例数累计 99 起，涉及的融资规模约为 220 亿元。

- 长沙在直接融资方面表现优异，2018 年在境内股票市场融资规模将近 200 亿元，超过同区域其他城市总和。

- 在间接融资服务方面，武汉的融资成本是最低的，较区域内成本最高的城市大约低将近 1 个百分点，2017 年湖北省一般贷款平均利率为 5.3%。

表 3.8.4　中部地区各城市在“双创”金融绩效方面主要指标比较

城市	长沙	合肥	南昌	武汉	郑州
创业板上市公司数量	16	9	1	16	7

续 表

城市	长沙	合肥	南昌	武汉	郑州
创业板上市公司总市值/亿元	1490.89	540.10	18.00	719.15	228.89
新三板挂牌公司数量	120	88	42	243	139
区域股交市场挂牌公司数量	1912	560	1182	1899	1743
年末“独角兽”企业数	0	0	0	5	0
新增发明专利授权量	4823	5597	1147	8807	3192

- 在企业上市挂牌方面，长沙和武汉两者的企业上市挂牌数量十分接近，在中部地区可谓是旗鼓相当。2018 年末，长沙和武汉的创业板上市公司均有 16 家，区域股交市场挂牌的企业分别达到了 1912 家和 1899 家。不过，长沙在创业板上市企业规模上大于武汉，而武汉则是在新三板挂牌企业数量上高于长沙。

- 武汉在“双创”成果方面有明显优势，拥有“独角兽”企业 5 家，同期本地区其他城市均为零；同时，2018 年武汉新增的发明专利授权量达到了 8807 家，远远高于同地区其他城市。

表 3.8.5　中部地区各城市在“双创”金融政策指标评分比较

城市	“双创”金融机构发展扶持力度	“双创”金融服务引导支持力度	“双创”金融生态优化促进力度
郑州	1.61	1.88	1.47
长沙	1.27	0.95	2.28
合肥	1.15	0.86	2.04
南昌	0.82	1.91	1.32
武汉	0.67	1.45	0.87

- 在对“双创”金融机构政策扶持方面，郑州政策扶持力度较同区域其他城市显著要大。

- 在“双创”金融服务政策支持方面，南昌在区域中表现最优，不过郑州与南昌的政策优势相差无几。

• 在“双创”金融生态优化促进政策方面，长沙的政策支持力度最大，合肥次之。

表 3.8.6 中部地区各城市在“双创”金融生态方面主要指标比较

城市	长沙	合肥	南昌	武汉	郑州
当年新设市场主体数	170000	199300	79200	191200	252000
当年新增商标注册件数	56019	40475	19345	64061	76604
百度热搜指数	19087	20225	18227	28285	24837
研发投入强度/%	1.63	3.14	1.62	1.11	1.74
新增发明专利申请量	18479	32831	6684	29095	26597
SCI 论文发表数	15579	12633	5335	27479	7550
在校大学生数量/万人	64.56	65.92	63.79	94.77	93.50
人口净增长数/万人	23.66	12.20	9.51	18.81	25.50
科研人员数量/万人	5.47	5.07	1.88	4.02	8.22

• 郑州在创业活跃度方面显著要优于本地区其他城市，其 2018 年全年新设市场主体数达到了 25.2 万家，新增商标注册件数达到了约 7.7 万件，均排名本地区第 1。

• 本期合肥在创新活跃度方面要优于区域内其他城市，其 2017 年地区研发投入强度达到了 3.14%，远高于区域其他城市；同时，2018 年新增发明专利申请量达到了约 3.3 万件，申请量在中部排第 1。

• 武汉在科研教育方面存在较强优势，在校大学生数和 SCI 论文发表数均排名北区第 1。

• 相对来说，郑州、长沙和武汉是中部地区最受人才欢迎的城市，三者 2018 年均实现了较高的人口净流入状态，全年分别实现人口净增长 25.5 万人、23.7 万人和 18.8 万人。

3.9 西部地区比较

西部地区包括我国的西南地区和西北地区，进入本期 IEFI 指数评价榜单的样本城市共有 6 个属于该地区，分别是成都、重庆、昆明、西安、南宁和乌鲁木齐。

表 3.9.1 西部地区各城市“双创”金融指数评价比较

城市	综合指数		“双创”金融机构		“双创”金融服务		“双创”金融绩效		“双创”金融政策		“双创”金融生态	
	得分	排名	得分	排名	得分	排名	得分	排名	得分	排名	得分	排名
成都	49.58	5	5.91	7	11.02	6	3.30	7	7.79	1	21.56	5
重庆	36.30	8	5.57	9	8.01	10	2.15	15	3.49	24	17.07	7
西安	35.71	10	3.69	15	4.96	20	2.07	17	3.78	20	21.20	6
昆明	17.61	27	3.83	13	4.10	29	0.56	31	2.54	28	6.58	27
南宁	17.60	28	2.00	29	4.16	28	1.93	18	3.34	25	6.18	29
乌鲁木齐	12.19	31	1.95	30	4.31	26	0.66	30	1.72	31	3.54	31

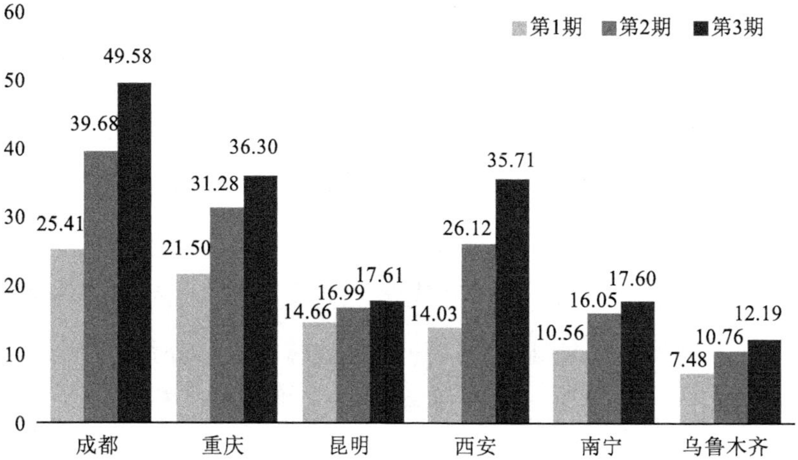

图 3.9.1 西部地区各城市“双创”金融指数综合得分比较

● 本期成都“双创”金融发展水平排名西部地区首位，大幅领先同区域其他城市。

● 整体来看，西部地区“双创”金融发展水平呈现两极分化态势，本地区有3个城市综合排名进入全国前十行列，而另外3个城市排名则处于倒数前五位次。

● 西部地区综合指数实现持续增长态势，其中成都、西安和重庆连续两期均保持迅猛增长势头。

● 本期成都和西安是31个城市中得分增长最快的两个城市，成都更是借此一举反超杭州，排名全国第5。

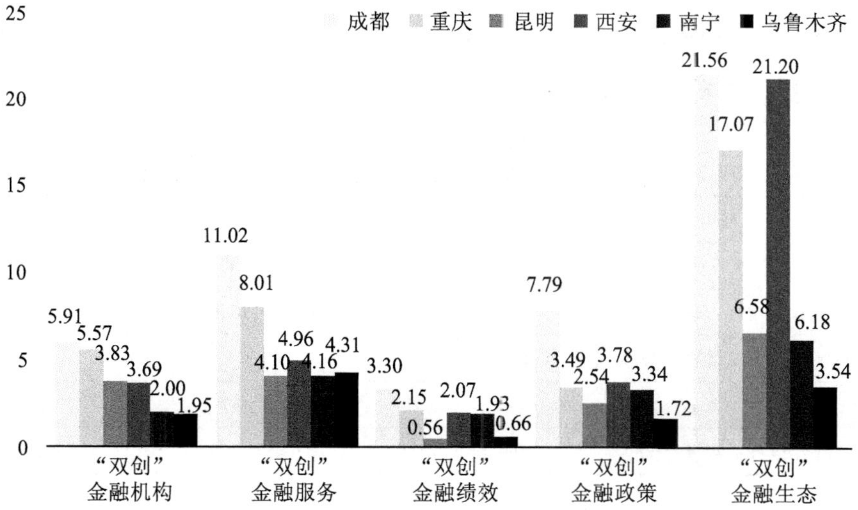

图3.9.2　西部地区各城市在第3期IEFI的分项得分比较

● 从综合得分构成来看，西部地区各城市的得分优势主要集中在“双创”金融生态领域，而“双创”金融绩效是普遍的短板领域。

● 成都在西部地区的领先优势是全方面的，各个领域均是地区最优水平。

● 西安在“双创”金融机构和“双创”金融生态方面与成都不相

伯仲，显著优于同地区其他城市。

表 3.9.2　西部地区各城市在“双创”金融机构方面主要指标比较

城市	成都	西安	重庆	昆明	乌鲁木齐	南宁
私募股权投资机构数/家	735	326	478	215	199	90
私募机构资金管理规模/亿美元	85.2	88.3	75.6	25.9	9.2	32.7
新型民营银行数	1	0	1	0	0	0
新型民营银行规模/亿元	163	0	183.6	0	0	0

- 在私募股权投资机构方面，成都无疑是区域内表现最优的。截至 2018 年底，成都拥有各类私募股权投资机构 735 家，资金管理规模合计 85.2 亿美元，机构数量排名全国第 5。
- 成都和重庆是西部地区仅有的 2 个拥有新型民营银行的城市，两者的民营银行发展规模相差无几。

表 3.9.3　西部地区各城市在“双创”金融服务方面主要指标比较

城市	成都	重庆	昆明	西安	南宁	乌鲁木齐
年度股权投资案例数	95	18	5	33	11	2
年度股权投资融资规模/亿元	75.19	25.20	1.09	126.98	7.17	3.20
年度境内股票市场融资规模/亿元	243.66	14.87	37.79	66.24	19.66	163.32
年度并购次数	47	18	11	17	6	14
年度并购规模/亿元	1264.86	21.89	17.57	5.05	14.22	90.77

- 成都地区私募股权投资活动在西部地区也是最为活跃的，2018 年全年发生了 95 起私募股权投资案例和 47 起并购案例，融资规模累计达到了 1508 亿元，远超西部地区其他城市总和。

表 3.9.4　西部地区各城市在“双创”金融绩效方面主要指标比较

城市	成都	重庆	昆明	西安	南宁	乌鲁木齐
创业板上市公司数量	25	5	2	8	1	3
创业板上市公司总市值/亿元	824.26	748.06	314.44	232.08	35.26	110.89
新三板挂牌公司数量	209	128	63	139	30	31
新三板挂牌公司注册资本规模/亿元	100.26	78.46	42.96	89.61	12.24	16.73
区域股交市场挂牌公司数量	985	1063	200	728	1645	396
区域股交市场挂牌公司规模/亿元	273.82	254.39	31.28	287.22	290.26	83.58
年末“独角兽”企业数	1	0	0	0	0	0
新增发明专利授权量	8356	6570	1807	8096	1513	501

- 成都的“双创”金融绩效稳居西部地区第 1，创业板和新三板市场的上市挂牌企业数量分别达到了 25 家和 209 家，数量和规模均遥遥领先区域内其他城市。
- 南宁在区域股交市场挂牌企业数排名西部地区第 1，2018 年末达到了 1645 家。
- 在“双创”成果方面，成都拥有西部地区仅有的 1 家“独角兽”企业，其 2018 年新增发明专利授权量排名地区首位。
- 西安在新增发明专利授权量上达到 8096 件，基本与成都持平，排名区域第 2。

表 3.9.5　西部地区各城市在“双创”金融政策指标评分比较

城市	“双创”金融机构发展扶持力度	“双创”金融服务引导支持力度	“双创”金融生态优化促进力度
成都	4.04	2.28	1.47
西安	1.94	1.30	0.54
重庆	1.87	0.72	0.90
南宁	0.89	2.27	0.18

续 表

城市	“双创”金融机构发展扶持力度	“双创”金融服务引导支持力度	“双创”金融生态优化促进力度
昆明	0.43	0.58	1.53
乌鲁木齐	0.44	1.01	0.27

- 成都“双创”金融政策支持力度全国第1，其中对“双创”金融机构的政策扶持力度远超本地区其他城市。
- 在“双创”金融服务政策支持方面，南宁在区域中的政策优势与成都相差无几。
- 在“双创”金融生态优化促进政策方面，昆明的政策支持力度最大。

表 3.9.6　西部地区各城市在“双创”金融生态方面主要指标比较

城市	成都	重庆	昆明	西安	南宁	乌鲁木齐
当年新设市场主体数	541000	412000	147000	543000	132600	46000
当年新增商标注册件数	101143	92694	32181	43205	18913	11177
百度热搜指数	55902	42223	19215	43711	18212	14584
国家高新技术企业数量	2473	1182	812	2139	451	283
研发投入强度/%	1.54	1.87	0.76	4.82	0.35	0.47
新增发明专利申请量	37929	22685	7169	26675	5156	2068
SCI 论文发表数	20438	12227	5502	24506	3063	2404
在校大学生数量/万人	81.74	86.36		83.1	42.67	18.84
人口净增长数/万人	28.53	26.64	0.00	46.93	10.41	3.04
科研人员数量/万人	13.51	13.20	0.98	10.79	0.51	0.32

- 成都的创业活跃度排名全国第4、西部地区第1。2018年，成都新设市场主体达到了54.1万家，新增商标注册件数10.1万件，数量分别居全国第2和第6。

- 西安在创业活跃度方面直逼成都，在西部地区排名第 2。其中，2018 年新设市场主体达到了 54.3 万家，排名全国第 1。

- 西安创新活跃度在西部地区排首位，地区研发投入强度到了 4.82%，远超区域其他城市；2018 年发表的 SCI 论文数达到了 24506 篇，排名西部地区第 1。

- 西部地区整体都表现为人口净流入状态，其中西安的表现最为突出。2018 年，西安人口净流入达到 46.9 万人，数量排名全国第 2。

第四章 “双创”金融单项十佳排行榜

本章我们将对31个城市在“双创”金融发展的特色亮点做一个梳理和总结，借助IEFI指标评价体系，在社会关注度高的重点领域评选出一系列十佳城市，以期为有志于提升“双创”金融发展水平的城市提供一个参考和借鉴目标。

4.1 股权投资实力十佳城市

根据本期IEFI评价结果显示，本期股权投资实力十佳城市分别是北京、上海、深圳、杭州、广州、苏州、宁波、天津、成都和南京。

表4.1.1 第3期IEFI股权投资实力十佳城市

城市	排名	私募股权机构数/家	管理资金总规模/亿美元
北京	1	6408	12802
上海	2	5285	4599
深圳	3	4426	3176
杭州	4	1598	896
广州	5	854	459
苏州	6	709	446
宁波	7	726	94
天津	8	639	448
成都	9	735	85
南京	10	498	446

数据来源：清科私募通，2018。

• 北京。截至 2018 年底，在清科私募通系统记录的北京私募股权类机构达到了 6408 家，管理的资金规模合计达到了 12802 亿美元，机构数量和规模均排名全国第 1。其中，VC 机构 1498 家，PE 机构 4681 家。

• 上海。截至 2018 年底，在清科私募通系统记录的上海私募股权类机构为 5285 家，管理的资金规模合计为 4599 亿美元，机构数量和资金管理规模均排名全国第 2。其中，VC 机构 1341 家，PE 机构 3815 家。

• 深圳。截至 2018 年底，在清科私募通系统记录的深圳私募股权类机构为 4426 家，管理的资金规模合计为 3176 亿美元，机构数量和资金管理规模均排名全国第 3。其中，VC 机构 1146 家，PE 机构 3197 家。

• 杭州。截至 2018 年底，在清科私募通系统记录的杭州私募股权类机构为 1598 家，管理的资金规模合计为 896 亿美元，机构数量和资金管理规模均排名全国第 4。其中，VC 机构 523 家，PE 机构 1020 家。

• 广州。截至 2018 年底，在清科私募通系统记录的广州私募股权类机构为 854 家，管理的资金规模合计为 459 亿美元，机构数量和资金管理规模均排名全国第 5。其中，VC 机构 195 家，PE 机构 643 家。

• 苏州。截至 2018 年底，在清科私募通系统记录的苏州私募股权类机构为 709 家，管理的资金规模合计为 446 亿美元，机构数量和资金管理规模分别排名全国第 8 和第 7。其中，VC 机构 364 家，PE 机构 332 家。

• 宁波。截至 2018 年底，在清科私募通系统记录的宁波私募股权类机构为 726 家，管理的资金规模合计为 94 亿美元，机构数量排名全国第 7。其中，VC 机构 204 家，PE 机构 494 家。

• 天津。截至 2018 年底，在清科私募通系统记录的天津私募股权类机构为 639 家，管理的资金规模合计为 448 亿美元，机构数量和资金管理规模分别排名全国第 9 和第 6。其中，VC 机构 129 家，PE 机构 497 家。

- 成都。截至 2018 年底，在清科私募通系统记录的成都私募股权类机构为 735 家，管理的资金规模合计为 85 亿美元，机构数量排名全国第 6。其中，VC 机构 148 家，PE 机构 570 家。

- 南京。截至 2018 年底，在清科私募通系统记录的南京私募股权类机构为 498 家，管理的资金规模合计为 446 亿美元，机构数量和资金管理规模分别排名全国第 10 和第 8。其中，VC 机构 203 家，PE 机构 290 家。

4.2 股权融资规模十佳城市

根据本期 IEFI 评价结果显示，本期股权融资规模十佳城市分别是北京、上海、深圳、苏州、杭州、成都、广州、南京、天津和无锡。

表 4.2.1 第 3 期 IEFI 股权融资规模十佳城市

城市	排名	股权融资规模/亿元	并购规模/亿元	年度境内 A 股市场融资规模/亿元
北京	1	2368.1	3800.5	2380.6
上海	2	1005.0	1201.4	610.4
深圳	3	407.9	1357.3	1007.2
苏州	4	203.6	1084.2	687.5
杭州	5	1311.6	218.5	112.0
成都	6	75.2	1264.9	243.7
广州	7	227.5	243.3	173.8
南京	8	368.7	223.7	492.6
天津	9	51.1	652.2	27.6
无锡	10	77.9	245.6	112.9

数据来源：清科私募通，Wind，2018。

- 北京。2018 年，北京地区全年发生的股权融资规模合计达到了8549 亿元，规模排名全国第 1。其中，在清科私募通系统记录的私募股权投资事件共 1043 起，并购事件 296 起，私募股权融资规模和并购规模分别达到 2368.1 亿元和 3800.5 亿元；全年在境内 A 股市场获得的股票融资规模达到了 2380.6 亿元，排名全国第 1。

- 上海。2018 年，上海地区全年发生的股权融资规模合计达到了2817 亿元，规模排名全国第 2。其中，在清科私募通系统记录的私募股权投资事件共 642 起，并购事件 286 起，私募股权融资规模和并购规模分别达到 1005 亿元和 1201.4 亿元；全年在境内 A 股市场获得的股票融资规模达到了 610.4 亿元，排名全国第 4。

- 深圳。2018 年，深圳地区全年发生的股权融资规模合计达到了2772 亿元，规模排名全国第 3。其中，在清科私募通系统记录的私募股权投资事件 382 起，并购事件 212 起，私募股权融资规模和并购规模分别达到 407.9 亿元和 1357.3 亿元；全年在境内 A 股市场获得的股票融资规模达到了 1007.2 亿元，排名全国第 2。

- 苏州。2018 年，苏州地区全年发生的股权融资规模合计达到了1975 亿元，规模排名全国第 4。其中，在清科私募通系统记录的私募股权投资事件 84 起，并购事件 75 起，私募股权融资规模和并购规模分别达到 203.6 亿元和 1084.2 亿元；全年在境内 A 股市场获得的股票融资规模达到了 687.5 亿元，排名全国第 3。

- 杭州。2018 年，杭州地区全年发生的股权融资规模合计达到了1642 亿元，规模排名全国第 5。其中，在清科私募通系统记录的私募股权投资事件 308 起，并购事件 83 起，私募股权融资规模和并购规模分别达到 1311.6 亿元和 218.5 亿元；全年在境内 A 股市场获得的股票融资规模达到了 112 亿元。

• 成都。2018 年，成都地区全年发生的股权融资规模合计达到了 1584 亿元，规模排名全国第 6。其中，在清科私募通系统记录的私募股权投资事件 95 起，并购事件 47 起，私募股权融资规模和并购规模分别达到 75.2 亿元和 1264.9 亿元；全年在境内 A 股市场获得的股票融资规模达到了 243.7 亿元，排名全国第 6。

• 广州。2018 年，广州地区全年发生的股权融资规模合计达到了 645 亿元，规模排名全国第 9。其中，在清科私募通系统记录的私募股权投资事件 163 起，并购事件 100 起，私募股权融资规模和并购规模分别达到 227.5 亿元和 243.3 亿元；全年在境内 A 股市场获得的股票融资规模达到了 173.8 亿元，排名全国第 9。

• 南京。2018 年，南京地区全年发生的股权融资规模合计达到了 1085 亿元，规模排名全国第 7。其中，在清科私募通系统记录的私募股权投资事件 87 起，并购事件 48 起，私募股权融资规模和并购规模分别达到 368.7 亿元和 223.7 亿元；全年在境内 A 股市场获得的股票融资规模达到了 492.6 亿元，排名全国第 5。

• 天津。2018 年，天津地区全年发生的股权融资规模合计达到了 731 亿元，规模排名全国第 8。其中，在清科私募通系统记录的私募股权投资事件 42 起，并购事件 57 起，私募股权融资规模和并购规模分别达到 51.1 亿元和 652.2 亿元；全年在境内 A 股市场获得的股票融资规模达到了 27.6 亿元。

• 无锡。2018 年，无锡地区全年发生的股权融资规模合计达到了 436 亿元，规模排名全国第 10。其中，在清科私募通系统记录的私募股权投资事件 28 起，并购事件 42 起，私募股权融资规模和并购规模分别达到 77.9 亿元和 245.6 亿元；全年在境内 A 股市场获得的股票融资规模达到了 112.9 亿元。

4.3 企业上市挂牌十佳城市

根据本期 IEFI 评价结果，本期企业上市挂牌十佳城市分别是北京、深圳、上海、广州、杭州、武汉、长沙、成都、厦门和宁波。

表 4.3.1 第 3 期 IEFI 企业上市挂牌十佳城市

城市	排名	创业板上市数	新三板挂牌数	区域股交市场挂牌数
北京	1	99	1382	5390
深圳	2	89	613	4813
上海	3	46	865	2252
广州	4	26	372	3095
杭州	5	38	299	2429
武汉	6	16	243	1899
长沙	7	16	120	1912
成都	8	25	209	985
厦门	9	12	150	1753
宁波	10	13	119	1796

数据来源：Wind，2018。

- 北京。截至 2018 年底，北京地区共有创业板上市公司 99 家，全年新增上市公司 2 家，年末上市公司总市值 5877 亿元，上市数量全国第 1，上市规模全国第 2；新三板挂牌企业数量 1382 家，全年新增挂牌企业 45 家，年末挂牌企业注册资本规模合计 1075 亿元，挂牌数量和企业注册资本规模均排名全国第 1；年末在区域股权交易市场挂牌展示的企业总数为 5390 家，数量排名全国第 1。

- 深圳。截至 2018 年底，深圳地区共有创业板上市公司 89 家，全年新增上市公司 7 家，年末上市公司总市值 6174 亿元，上市数量全国第 2，上市规模全国第 1；新三板挂牌企业数量 613 家，全年新增挂牌企业 23 家，年末挂牌企业注册资本规模合计 354.5 亿元，挂牌数量和企业注册资本规模均排名全国第 3；年末在区域股权交易市场挂牌展示的企业总数为 4813 家，数量排名全国第 2。

- 上海。截至 2018 年底，上海地区共有创业板上市公司 46 家，年末上市公司总市值 2693 亿元，企业上市数量和上市规模均排名全国第 3；年末新三板挂牌企业数量 865 家，全年新增挂牌企业 44 家，年末挂牌企业注册资本规模合计 445 亿元，企业挂牌数量和注册资本规模均排名全国第 2；年末在区域股权交易市场挂牌展示的企业总数为 2252 家，数量排名全国第 5。

- 广州。截至 2018 年底，广州地区共有创业板上市公司 26 家，全年新增上市公司 1 家，年末上市公司总市值 1062 亿元，上市数量和上市规模分别排名全国第 5 和第 6；新三板挂牌企业数量 372 家，全年新增挂牌企业 22 家，年末挂牌企业注册资本规模合计 190 亿元，挂牌数量和企业注册资本规模均排名全国第 4；年末在区域股权交易市场挂牌展示的企业总数为 3095 家，数量排名全国第 3。

- 杭州。截至 2018 年底，杭州地区共有创业板上市公司 38 家，全年新增上市公司 2 家，年末上市公司总市值 2454 亿元，上市数量和上市规模均排名全国第 4；新三板挂牌企业数量 299 家，全年新增挂牌企业 8 家，年末挂牌企业注册资本规模合计 155 亿元，挂牌数量和企业注册资本规模均排名全国第 5；年末在区域股权交易市场挂牌展示的企业总数为 2429 家，数量排名全国第 4。

- 武汉。截至 2018 年底，武汉地区共有创业板上市公司 16 家，全年新增上市公司 1 家，年末上市公司总市值 719 亿元，上市数量和上市规模分别排名全国第 8 和第 10；新三板挂牌企业数量 243 家，全年新增挂牌企业 7 家，年末挂牌企业注册资本规模合计 113 亿元，挂牌数量和企业注册资本规模分别排名全国第 7 和第 8；年末在区域股权交易市场挂牌展示的企业总数为 1899 家，数量排名全国第 7。

- 长沙。截至 2018 年底，长沙地区共有创业板上市公司 16 家，全年新增上市公司 1 家，年末上市公司总市值 1491 亿元，上市数量和上市规模分别排名全国第 8 和第 5；新三板挂牌企业数量 120 家，全年新增挂牌企业 10 家，年末挂牌企业注册资本规模合计 87 亿元，挂牌数量和企业注册资本规模分别排名全国第 17 和第 14；年末在区域股权交易市场挂牌展示的企业总数为 1912 家，数量排名全国第 6。

- 成都。截至 2018 年底，成都地区共有创业板上市公司 25 家，全年新增上市公司 2 家，年末上市公司总市值 824 亿元，上市数量和上市规模分别排名全国第 6 和第 7；新三板挂牌企业数量 209 家，全年新增挂牌企业 13 家，年末挂牌企业注册资本规模合计 100 亿元，挂牌数量和企业注册资本规模分别排名全国第 8 和第 10；年末在区域股权交易市场挂牌展示的企业总数为 985 家，数量排名全国第 18。

- 厦门。截至 2018 年底，厦门地区共有创业板上市公司 12 家，年末上市公司总市值 646 亿元，上市数量和上市规模分别排名全国第 13 和第 12；新三板挂牌企业数量 150 家，全年新增挂牌企业 6 家，年末挂牌企业注册资本规模合计 60 亿元，挂牌数量和企业注册资本规模分别排名全国第 11 和第 18；年末在区域股权交易市场挂牌展示的企业总数为 1753 家，数量排名全国第 9。

- 宁波。截至 2018 年底，宁波地区共有创业板上市公司 13 家，年末上市公司总市值 363 亿元，上市数量和上市规模分别排名全国第 12 和第 15；新三板挂牌企业数量 119 家，全年新增挂牌企业 6 家，年末挂牌企业注册资本规模合计 88 亿元，挂牌数量和企业注册资本规模分别排名全国第 18 和第 13；年末在区域股权交易市场挂牌展示的企业总数为1796家，数量排名全国第8。

4.4 政策支持力度十佳城市

根据本期IEFI评价结果显示，本期“双创”金融政策支持力度十佳城市分别是成都、深圳、北京、广州、大连、上海、厦门、南京、苏州和郑州。

表4.4.1 第3期IEFI政策支持力度十佳城市

城市	排名	“双创”金融机构发展扶持力度	“双创”金融服务引导支持力度	“双创”金融生态优化促进力度
成都	1	4.04	2.28	1.47
深圳	2	2.57	2.17	3.00
北京	3	2.28	2.06	2.91
广州	4	2.00	1.70	2.22
大连	5	2.08	1.56	1.80
上海	6	1.44	1.64	2.34
厦门	7	3.12	1.20	1.08
南京	8	1.07	1.99	2.19
苏州	9	0.72	1.79	2.55
郑州	10	1.61	1.88	1.47
31城平均得分		1.46	1.37	1.49

- 成都。成都“双创”金融政策支持力度排名全国第1，在“双创”金融机构发展扶持和“双创”金融服务引导支持方面的力度远高于31个城市的平均水平。具体来看，成都在私募股权投资机构、融资担保机构、创新型金融机构、间接融资服务、“双创”金融服务平台等5个方面的政策支持力度均为全国最优水平，在对非存款类放贷机构、融资租赁机构以及直接融资服务等方面也保持着全国前列的支持力度，如图4.4.1所示。

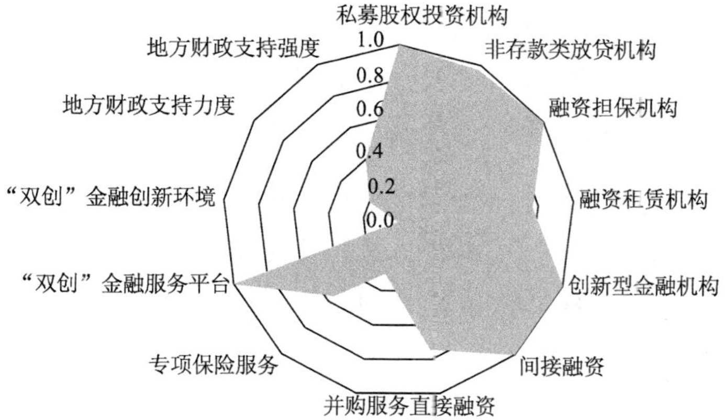

图 4.4.1 成都“双创”金融政策分领域支持力度与全国最优的比较

● 深圳。深圳“双创”金融政策支持力度排名全国第 2，与成都基本上不相伯仲，在“双创”金融机构发展扶持、“双创”金融服务引导支持以及“双创”金融生态优化促进三个方面的力度均远远高于 31 个城市的平均水平。具体来看，深圳在专项保险服务、“双创”金融服务平台、“双创”金融创新环境、地方财政支持力度和地方财政支持强度等 5 个方面的政策保持全国最优水平，在对私募股权投资机构、融资租赁机构以及创新型金融机构等方面的政策支持也保持着全国前列水平，如图 4.4.2 所示。

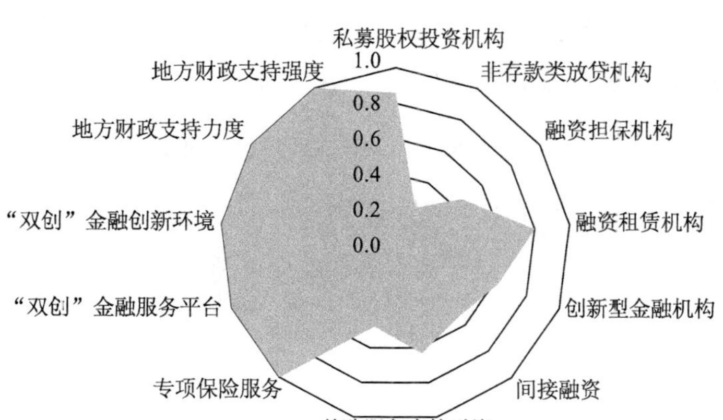

图 4.4.2 深圳“双创”金融政策分领域支持力度与全国最优的比较

● 北京。北京"双创"金融政策支持力度排名全国第3，在"双创"金融机构发展扶持、"双创"金融服务引导支持以及"双创"金融生态优化促进三个方面的力度均大幅高于31个城市平均水平。具体来看，北京在间接融资服务、"双创"金融服务平台、"双创"金融创新环境、地方财政支持力度等4个方面的政策保持全国最优水平，在对私募股权投资机构、融资担保机构、创新型金融机构以及并购服务等方面的政策支持也保持着全国前列水平，如图4.4.3所示。

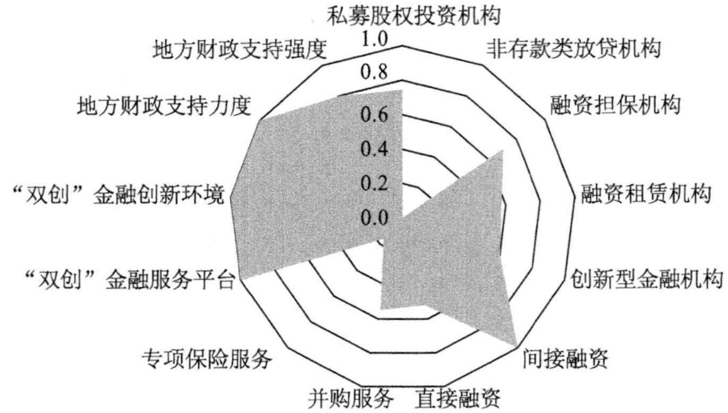

图4.4.3　北京"双创"金融政策分领域支持力度与全国最优的比较

● 广州。广州"双创"金融政策支持力度排名全国第4，在"双创"金融机构发展扶持、"双创"金融服务引导支持以及"双创"金融生态优化促进三个方面的力度均高于31个城市的平均水平。具体来看，广州在地方财政支持强度方面的政策保持着全国最优水平，在融资担保、融资租赁、直接融资服务、专项保险服务、"双创"金融服务平台等5个方面的政策支持保持着全国前列水平，如图4.4.4所示。

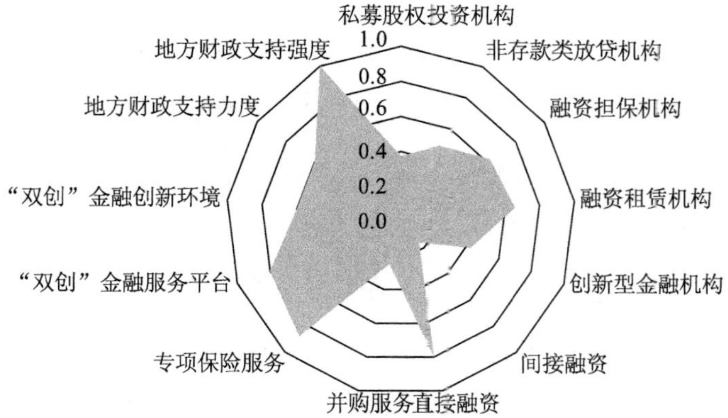

图 4.4.4 广州“双创”金融政策分领域支持力度与全国最优的比较

• 大连。大连“双创”金融政策支持力度排名全国第 5，在“双创”金融机构发展扶持、“双创”金融服务引导支持以及“双创”金融生态优化促进三个方面的力度均高于 31 个城市的平均水平。具体来看，大连在“双创”金融创新环境方面的政策支持保持着全国最优水平，在融资担保、融资租赁、直接融资服务、专项保险服务、“双创”金融服务平台等 5 个方面的政策支持保持着全国前列水平，如图 4.4.5 所示。

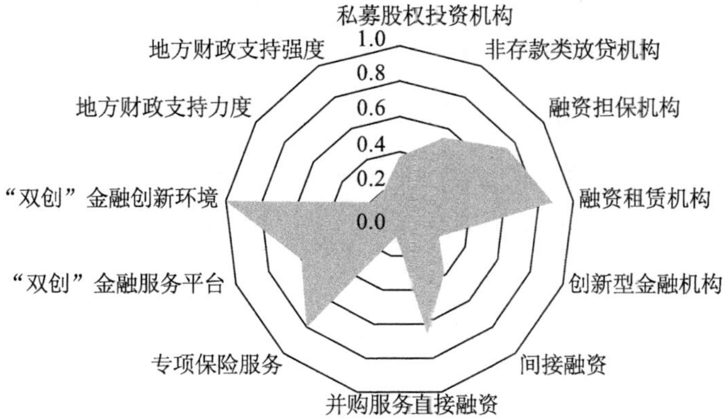

图 4.4.5 大连“双创”金融政策分领域支持力度与全国最优的比较

• 上海。上海“双创”金融政策支持力度排名全国第6，在“双创”金融服务引导支持以及“双创”金融生态优化促进两个方面的力度均高于31个城市平均水平。具体来看，上海在并购服务支持、“双创”金融创新环境和地方财政支持力度等3个方面保持着全国最优水平，在融资租赁、直接融资服务、“双创”金融服务平台等3个方面的政策支持保持着全国前列水平，如图4.4.6所示。

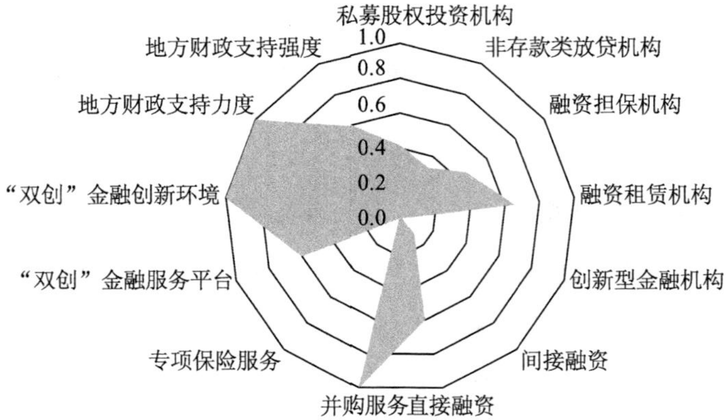

图4.4.6　上海“双创”金融政策分领域支持力度与全国最优的比较

• 厦门。厦门“双创”金融政策支持力度排名全国第7，在“双创”金融机构发展扶持政策方面远超31个城市的平均水平。具体来看，厦门在非存款类放贷机构、融资租赁机构2个方面的政策支持保持着全国最优水平，在私募股权投资机构、融资担保机构、间接融资服务、“双创”金融服务平台、地方财政支持强度等5个方面的支持力度保持着全国前列水平，如图4.4.7所示。

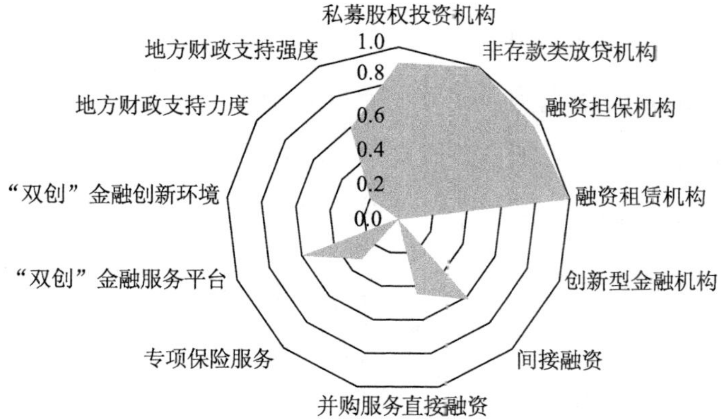

图 4.4.7 厦门“双创”金融政策分领域支持力度与全国最优的比较

• 南京。南京“双创”金融政策支持力度排名全国第 7，“双创”金融服务引导支持以及“双创”金融生态优化促进两个方面的力度均大幅高于 31 个城市的平均水平。具体来看，南京在“双创”金融服务平台方面的政策支持保持着全国最优水平，在私募股权投资机构、间接融资服务、专项保险服务、“双创”金融创新环境、地方财政支持强度等 5 个方面的支持力度保持着全国前列水平，如图 4.4.8 所示。

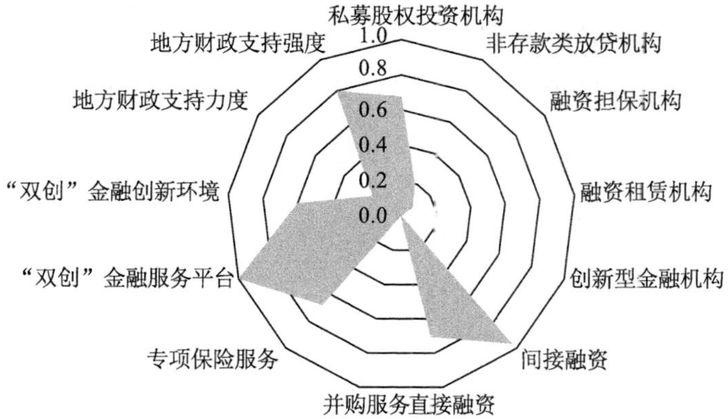

图 4.4.8 南京“双创”金融政策分领域支持力度与全国最优的比较

• 苏州。苏州“双创”金融政策支持力度排名全国第 8，在“双创”金融服务引导支持以及“双创”金融生态优化促进两个方面的力度均大幅高于31个城市的平均水平。具体来看，苏州在“双创”金融服务平台、地方财政支持强度方面保持着全国最优水平，在间接融资服务、直接融资服务、专项保险服务、“双创”金融创新环境等4个方面的支持力度保持着全国前列水平，如图4.4.9所示。

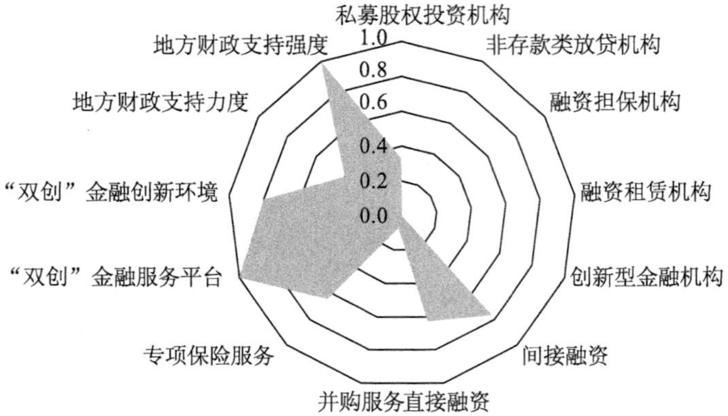

图4.4.9　苏州“双创”金融政策分领域支持力度与全国最优的比较

- 郑州。郑州“双创”金融政策支持力度排名全国第10，“双创”金融机构发展扶持和“双创”金融服务引导支持两个方面均高于31个城市的平均水平。具体来看，郑州在“双创”金融服务平台方面的政策支持保持着全国最优水平，在私募股权投资机构、融资租赁机构、间接融资服务、直接融资服务、专项保险服务等5个方面的支持力度保持着全国前列水平，如图4.4.10所示。

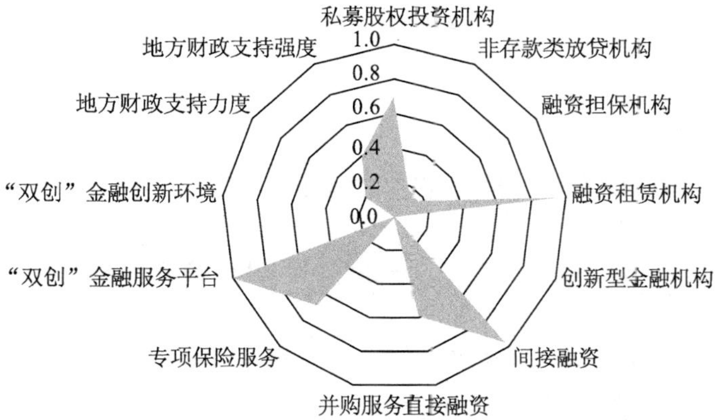

图 4.4.10 郑州“双创”金融政策分领域支持力度与全国最优的比较

4.5 创新创业活跃十佳城市

根据本期 IEFI 评价结果显示，本期创新创业活跃十佳城市分别是北京、深圳、上海、西安、广州、成都、重庆、杭州、苏州和青岛。

表 4.5.1 第 3 期 IEFI 创新创业活跃十佳城市

城市	排名	创新创业活跃度	创新活跃度	创业活跃度
北京	1	24.74	11.92	12.81
深圳	2	23.15	7.47	15.68
上海	3	21.86	7.04	14.82
西安	4	17.67	5.61	12.06
广州	5	17.49	4.04	13.45
成都	6	17.16	3.21	13.95
重庆	7	14.67	3.79	10.88
杭州	8	12.87	4.57	8.30
苏州	9	12.53	4.84	7.70
青岛	10	10.71	3.64	7.07
31 城平均		10.25	3.36	6.89

数据来源：Wind，2018。

- 北京。北京2018年创新创业活跃度排名全国第1，大幅高于31个城市平均水平，在创新和创业两方面均有十分活跃的表现。其中，2018年新增商标注册数、国家高新技术企业数、研发投入强度、新增发明专利申请量以及SCI论文发表数均排名第1。

表4.5.2　北京创新创业主要指标表现

主要指标	数据	排名
当年新设市场主体数/家	183300	17
当年新增商标注册件数/件	389175	1
百度热搜指数	42554	4
国家高新技术企业数量/家	20297	1
研发投入强度/%	5.64	1
新增发明专利申请量/件	109000	1
SCI论文发表数/篇	97969	1

- 深圳。深圳2018年创新创业活跃度排名全国第2，大幅高于31个城市平均水平，在创业活跃度方面表现尤为出色，如表4.5.3所示。其中，2018年新增商标注册和发明专利申请量分别达到32.7万件和7万件，均排名全国第2；国家高新技术企业数达到10988家，排名全国第2；新设市场主体数达到48.5万家，排名全国第3；2017年研发投入强度达到4.35%，排名第3。

表4.5.3　深圳创新创业主要指标表现

主要指标	数据	排名
当年新设市场主体数/家	485000	3
当年新增商标注册件数/件	326915	2
百度热搜指数	35039	7
国家高新技术企业数量/家	10988	2
研发投入强度/%	4.35	3
新增发明专利申请量/件	70000	2
SCI论文发表数/篇	12051	13

• 上海。上海 2018 年创新创业活跃度排名全国第 3，大幅高于 31 个城市平均水平。其中，2018 年 SCI 论文发表数达到了 47423 篇，排名全国第 2；新增商标注册和发明专利申请量分别达到约 29.2 万件和 6.3 万件，均排名全国第 3；其余主要指标均进入前十行列。

表 4.5.4 上海创新创业主要指标表现

主要指标	数据	排名
当年新设市场主体数/家	399900	6
当年新增商标注册件数/件	291732	3
百度热搜指数	49667	2
国家高新技术企业数量/家	7668	4
研发投入强度/%	4.00	4
新增发明专利申请量/件	62755	3
SCI 论文发表数/篇	47423	2

• 西安。西安 2018 年创新创业活跃度排名全国第 4，在创业活跃度方面有较为突出的表现。其中，2018 年新设市场主体数达到创纪录的 54.3 万家，排名全国第 1；有关西安创新创业的百度热搜指数也达到了 43711 条，排名全国第 3；2017 年研发投入强度达到 4.82%，排名全国第 2。

表 4.5.5 西安创新创业主要指标表现

主要指标	数据	排名
当年新设市场主体数/家	543000	1
当年新增商标注册件数/件	43205	17
百度热搜指数	43711	3
国家高新技术企业数量/家	2139	12
研发投入强度/%	4.82	2
新增发明专利申请量/件	26675	11
SCI 论文发表数/篇	24506	6

● 广州。广州 2018 年创新创业活跃度排名全国第 5，在创业活跃度方面有较为突出的表现。其中，2018 年新设市场主体数达到约 41.1 万家，排名全国第 5；新增商标注册件数达到约 27.5 万件，排名全国第 4；新增发明专利申请和 SCI 论文发表数均排名全国第 4。

表 4.5.6　广州创新创业主要指标表现

主要指标	数据	排名
当年新设市场主体数/家	411100	5
当年新增商标注册件数/件	274861	4
百度热搜指数	32506	9
国家高新技术企业数量/家	8700	3
研发投入强度/%	1.19	26
新增发明专利申请量/件	50169	4
SCI 论文发表数/篇	29695	4

● 成都。成都 2018 年创新创业活跃度排名全国第 6，在创业活跃度方面有较为突出的表现。其中，2018 年新设市场主体数达到创纪录的 54.1 万家，排名全国第 2，与排名第 1 的西安几乎持平；有关成都创新创业的百度热搜指数达到了 55902 条，排名全国第 1；新增商标注册件数 10.1 万件，排名全国第 6。

表 4.5.7　成都创新创业主要指标表现

主要指标	数据	排名
当年新设市场主体数/家	541000	2
当年新增商标注册件数/件	101143	6
百度热搜指数	55902	1
国家高新技术企业数量/家	2473	11
研发投入强度/%	1.54	22
新增发明专利申请量/件	37929	7
SCI 论文发表数/篇	20438	7

● 重庆。重庆2018年创新创业活跃度排名全国第7，主要在创业活跃度方面表现突出。其中，2018年新设市场主体数达到41.2万家，排名全国第4；有关重庆创新创业的百度热搜指数达到了42223条，排名全国第5；当年新增商标注册件数约9.3万件，排名全国第8。

表4.5.8 重庆创新创业主要指标表现

主要指标	数据	排名
当年新设市场主体数/家	412000	4
当年新增商标注册件数/件	92694	8
百度热搜指数	42223	5
国家高新技术企业数量/家	1182	19
研发投入强度/%	1.87	17
新增发明专利申请量/件	22685	15
SCI论文发表数/篇	12227	12

● 杭州。杭州2018年创新创业活跃度排名全国第8，在创新与创业活跃度各方面均表现优异。其中，2018年新增商标注册件数达到约14.3万件，排名全国第5；其他有关创业或创新活跃度表现的主要指标，均进入了全国前十行列，如表4.5.9所示。

表4.5.9 杭州创新创业主要指标表现

主要指标	数据	排名
当年新设市场主体数/家	224000	10
当年新增商标注册件数/件	142899	5
百度热搜指数	32939	8
国家高新技术企业数量/家	2844	9
研发投入强度/%	3.16	6
新增发明专利申请量/件	36539	8
SCI论文发表数/篇	19915	8

- 苏州。苏州2018年创新创业活跃度排名全国第9，在创新活跃度方面表现要更出色一些。其中，2018年新增发明专利申请量达到5万件，排名全国第5；国家高新技术企业数量达到5416家，数量排名全国第5；其他有关创业或创新活跃度表现的主要指标，基本进入了全国前十行列，如表4.5.10所示。

表4.5.10　苏州创新创业主要指标表现

主要指标	数据	排名
当年新设市场主体数/家	255000	8
当年新增商标注册件数/件	96593	7
百度热搜指数	29677	10
国家高新技术企业数量/家	5416	5
研发投入强度/%	2.80	8
新增发明专利申请量/件	50116	5
SCI论文发表数/篇	6869	20

- 青岛。青岛2018年创新创业活跃度排名全国第10，在创新方面表现要相对活跃一些。其中，2018年国家高新技术企业数量达到3112家，数量排名全国第8；2017年全年研发投入强度达到2.78%，排名全国第9，如表4.5.11所示。

表4.5.11　青岛创新创业主要指标表现

主要指标	数据	排名
当年新设市场主体数/家	284000	7
当年新增商标注册件数/件	47695	15
百度热搜指数	27183	12
国家高新技术企业数量/家	3112	8
研发投入强度/%	2.78	9
新增发明专利申请量/件	22518	16
SCI论文发表数/篇	11732	14

4.6 创新创业人才十佳城市

根据本期 IEFI 评价结果显示，本期创新创业人才十佳城市分别是广州、成都、重庆、郑州、深圳、西安、武汉、杭州、北京和长沙。

表 4.6.1 第 3 期 IEFI 创新创业人才十佳城市

城市	排名	在校大学生数量/万人	人口净增长数/万人	科研人员数量/万人
广州	1	113.96	40.60	9.79
成都	2	81.74	28.53	49.00
重庆	3	86.36	26.64	13.20
郑州	4	93.50	25.50	8.22
深圳	5	9.67	49.83	28.14
西安	6	83.08	46.93	10.79
武汉	7	94.77	18.81	4.02
杭州	8	48.95	33.80	8.39
北京	9	89.30	-16.50	39.73
长沙	10	64.56	23.66	5.47
31 城平均		49.25	12.22	10.30

数据来源：Wind，2017/2018。

- 广州。广州在创新创业人才的储备和支撑方面排名全国第 1，大幅高于 31 个城市的平均水平。其中，2017 年在校大学生数量达到约 114 万人，排名全国第 1；2018 年人口保持净流入状态，全年人口净增长 40.6 万人，排名全国第 3。

- 成都。成都在创新创业人才的储备和支撑方面排名全国第 2，大幅高于 31 个城市的平均水平。其中，在校大学生数量达到约 82 万人，排名全国第 7；与此同时，2018 年人口保持净流入状态，全年人口净增长 28.5 万人，排名全国第 5。

- 重庆。重庆在创新创业人才的储备和支撑方面排名全国第3，大幅高于31个城市平均水平。其中，2017年在校大学生数量和科研人员数量分别达到86万人和13.2万人，总量分别排名全国第5和第7；同时，重庆2018年人口也保持了较高的净流入状态，全年人口净增长26.6万人，排名全国第6。

- 郑州。郑州在创新创业人才的储备和支撑方面排名全国第4，大幅高于31个城市平均水平。其中，2017年在校大学生数量达到93.5万人，总量排名全国第3；2018年人口实现较高的净流入状态，全年人口净增长25.5万人，排名全国第7。

- 深圳。深圳在创新创业人才的储备和支撑方面排名全国第5，大幅高于31个城市平均水平。其中，2018年全年人口净增长49.8万人，排名全国第1；2017年科研人员总数达到了28.1万人，排名全国第3。

- 西安。西安在创新创业人才的储备和支撑方面排名全国第6，大幅高于31个城市平均水平。其中，2018年全年人口净增长46.9万人，仅次于深圳，排名全国第2；2017年在校大学生数量和科研人员总数达到了约83.1万人和10.8万人，分别排名全国第6和第8。

- 武汉。武汉在创新创业人才的储备和支撑方面排名全国第7，创新创业人才数量丰富。其中，2017年在校大学生数量达到了95万人，排名全国第2，仅次于广州；2018年全年人口净增长18.8万人，排名全国第10。

- 杭州。杭州在创新创业人才的储备和支撑方面排名全国第8，在对人才的吸引力方面表现更为出色。其中，全年人口保持了较高的净流入状态，2018年全年人口净增长33.8万人，排名全国第4。

- 北京。北京在创新创业人才的储备和支撑方面排名全国第9。

其中，2017 年在校大学生数量和科研人员数量分别达到 89 万人和 39. 7 万人，总量分别排名全国第 4 和第 2。

- 长沙。长沙在创新创业人才的储备和支撑方面排名全国第 10，在对人才的吸引力方面表现更为出色。其中，2018 年全年人口实现了净流入状态，全年人口净增长 23. 7 万人，排名全国第 8。

第五章　成都"双创"金融发展分析

近年来，成都大力推动国家西部金融中心建设，高度重视"双创"金融对于金融中心建设的重要作用，重大政策举措密集出台，"双创"金融机构、"双创"金融服务等均取得了长足进步，对"双创"事业的发展支持十分显著，其发展经验在国内具有较强的代表性和借鉴意义。本章全面梳理成都"双创"金融事业发展的特点和成功经验，并给出发展展望及建议。

5.1　成都"双创"金融发展历程

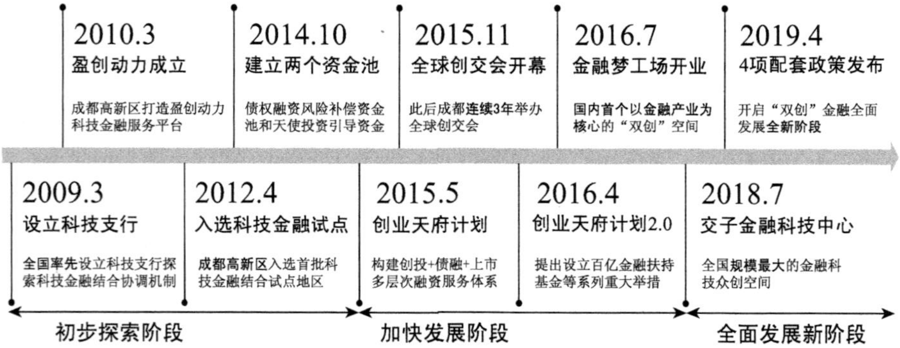

图 5.1.1　成都"双创"金融发展历程

从 2009 年成都高新区率先设立科技支行开始，成都"双创"金融已历经 10 年的发展，取得了丰硕的发展成果。梳理过去 10 年来，成都

“双创”金融发展的一系列重大发展举措和事件，我们可以将成都“双创”金融发展历程大致划分为探索起步期、加速发展期和全面发展期三个阶段，如图 5.1.1 所示。

5.1.1　探索起步期

2009—2014 年是探索起步期，这一阶段成都对科技与金融的结合率先进行了一定的尝试。

2009 年成都市在全国率先设立 3 个科技型专营支行，以探索建立科技与金融结合的协调机制，促进高新技术企业获得资金保障。

2010 年成都高新区打造盈创动力科技金融服务平台，为科技型小微企业提供一站式投融资信息服务。

2012 年，成都高新区入选全国首批促进科技和金融结合试点地区，在全国层面率先试点科技金融结合的创新试点。

2014 年，成都市建立债权融资风险补偿资金池和科技创业天使投资引导资金，探索了财政科技资金的创新使用方式。

5.1.2　加速发展期

2015—2019 年 4 月是加速发展期，这一阶段成都在支持“双创”金融发展方面动作频频。为积极响应李克强总理的号召，成都于 2015 年 5 月发布“创业天府”十年行动计划，提出要构建“创业投资+债权融资+上市融资”多层次融资服务体系，这之后，成都市“双创”金融发展步伐明显加快。

2015 年 11 月，第一届全球创业创新交易会在成都开幕，该会全方位展示了成都“双创”生态环境，此后，成都连续举办全球创交会，大大提升了成都“双创”金融国际交流的合作深度。

2016 年 4 月，“创业天府”行动计划 2.0 版发布，提出设立规模超过 100 亿元的创业投资引导基金、产业投资引导基金、人才创业投资基金等各类金融扶持基金、创建“西部创业投资中心”、支持设立科技小额贷款公司及科技银行、推动设立成都金融资产交易中心、探索建立成都股权众筹交易所、推动成都川藏（股权）交易中心设立“双创”板块等一系列重大举措。

2016 年 7 月，“金融梦工场”在成都开业，作为国内成立的首个以金融产业为核心的“双创”空间，成为成都“双创”金融发展的里程碑。

2018 年 7 月，交子金融科技中心正式投入运营，迅速成为成都“双创”金融发展的新名片。

5.1.3　全面发展期

2019 年 4 月 1 日，成都市政府新闻办召开《关于进一步加快建设国家西部金融中心的若干意见》四项配套政策的新闻发布会。发布会密集推出了《关于推广交子金融“5+2”平台构建中小微企业全生命周期投融资服务体系的实施意见》《关于扩大金融服务业对外开放助力实体经济高质量发展的若干政策措施》《关于支持金融科技产业创新发展的若干政策措施》《成都市引进培育交子金融人才实施办法》四项“双创”金融相关政策。四项配套政策的发布，从“双创”服务体系、金融人才引进培育、金融科技产业创新发展、金融对外开放四个方面为成都“双创”金融下一阶段的发展提供了全面行动指南，开启了成都“双创”金融发展的全新阶段。

5.2 成都“双创”金融发展特点

经过多年发展，成都“双创”金融已经形成了较为完备的发展体系，整体发展特色鲜明。

5.2.1 创业投资机构加速集聚

成都市高度重视创投行业发展，围绕国家西部金融中心建设，聚焦增强“创投融资”核心功能，出台了一系列支持政策，逐步组建一系列多层次政府引导基金体系，并打造了天府国际基金小镇等投资基金产业载体平台，创业投资机构加速集聚。截至2018年底，成都市已有天使投资机构17家、VC投资机构148家、PE投资机构570家，在中西部五大城市（成都、重庆、武汉、西安、郑州）中，分别排名第1位、第2位、第1位，三类创业投资机构总数稳居中西部五大城市第1位，如图5.2.1所示。

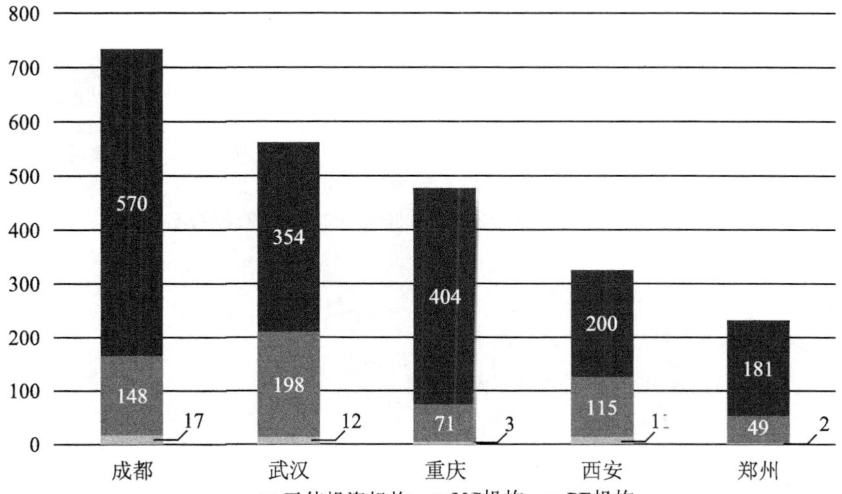

图5.2.1 中西部5大城市2018年度创投机构数量

5.2.2 股权投资及并购活动日趋活跃

创业投资机构的加速集聚有力提升了成都市股权投资、并购融资等“双创”金融服务规模。根据清科数据，2018年度，成都市股权投资案例和并购案例数分别达到95次和47次，案例数量总和在中西部五大城市中稳居第1，如图5.2.2所示。2018年度股权融资额和年度并购规模分别达到75.18亿元、1264.85亿元，总金额在中西部五大城市中同样位列第1，这表明成都创业投资和并购融资服务已具备可观规模，如图5.2.3所示。

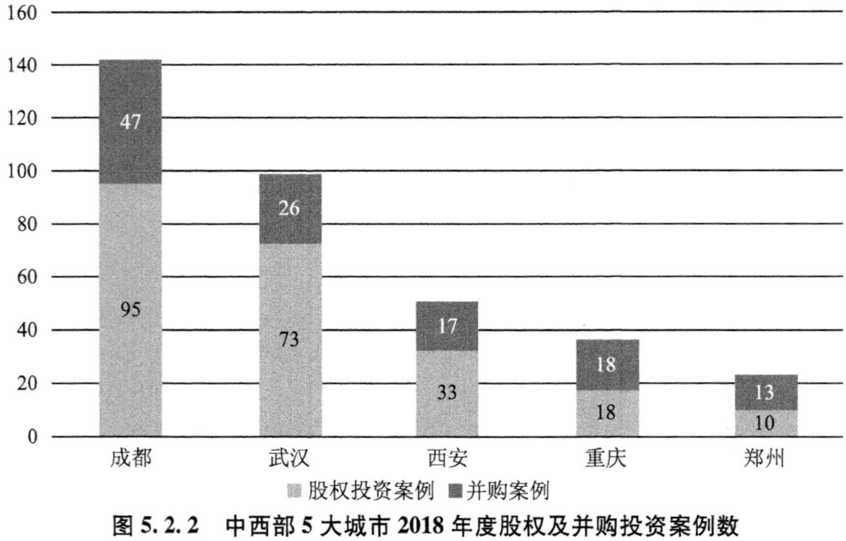

图5.2.2 中西部5大城市2018年度股权及并购投资案例数

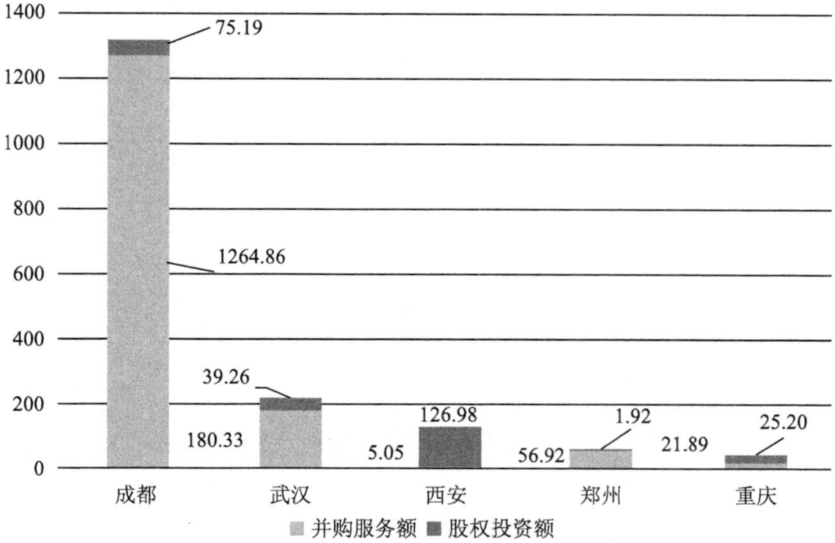

图 5.2.3 中西部 5 大城市 2018 年度股权及并购投资服务金额

5.2.3 企业挂牌上市成效斐然

成都高度重视企业挂牌上市工作，在《关于进一步加快建设国家西部金融中心的若干意见》中指出，要完善多层次资本市场支持企业上市融资，加大对企业改制上市的支持力度，对注册地和税收解缴地在成都且满足条件的企业，分阶段给予奖励。2018 年度，成都市新增上市公司数量达到 11 家（A 股 6 家、港股 3 家、美国纳斯达克 1 家），力压武汉、西安、重庆、郑州，稳居中西部城市第 1，如图 5.2.4 所示。2018 年度，成都市新增新三板挂牌公司数量达到 13 家，在中西部 5 大城市中同样排名第 1，如图 5.2.5 所示。

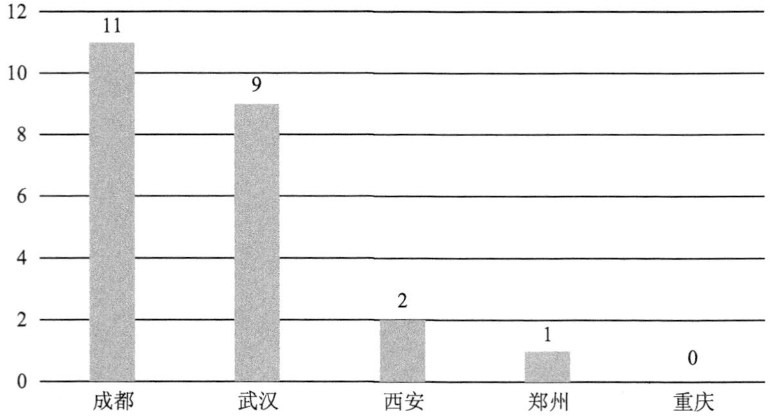

图 5.2.4　中西部 5 大城市 2018 年度新增上市公司数量对比

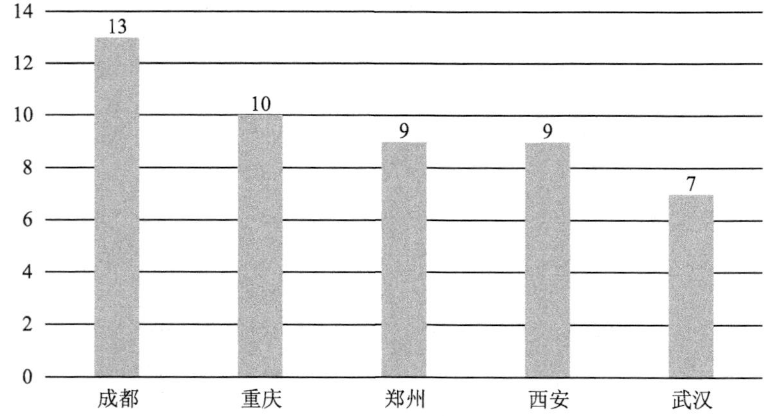

图 5.2.5　中西部 5 大城市 2018 年度新增新三板挂牌公司数量对比

5.2.4　创新创业氛围十分浓厚

近年来，成都市着力营造浓厚的创新创业社会氛围，并取得良好成效，为“双创”金融发展提供有力支撑。2018 年成都新增商标注册件数达到 101143 件，新增发明专利申请量达到 37929 件，在中西部 5 大城市中均排名第 1，体现了超高的创新创业热情，如图 5.2.6 所示。

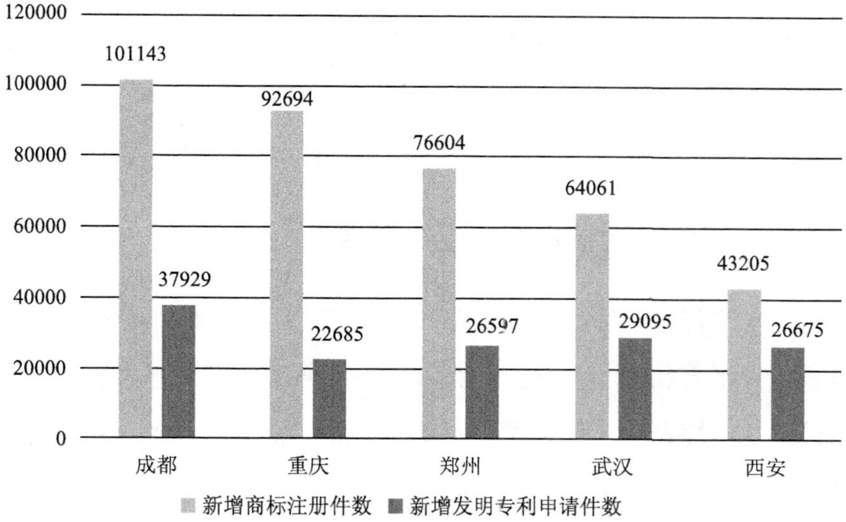

图 5.2.6　中西部 5 大城市 2018 年新增注册商标及发明专利申请量

2018 年关键词“创新”和“创业”，成都的百度热搜指数力压北京、上海、深圳，高居全国第 1，表明成都创新创业发展已得到社会各界的广泛关注，如图 5.2.7 所示。

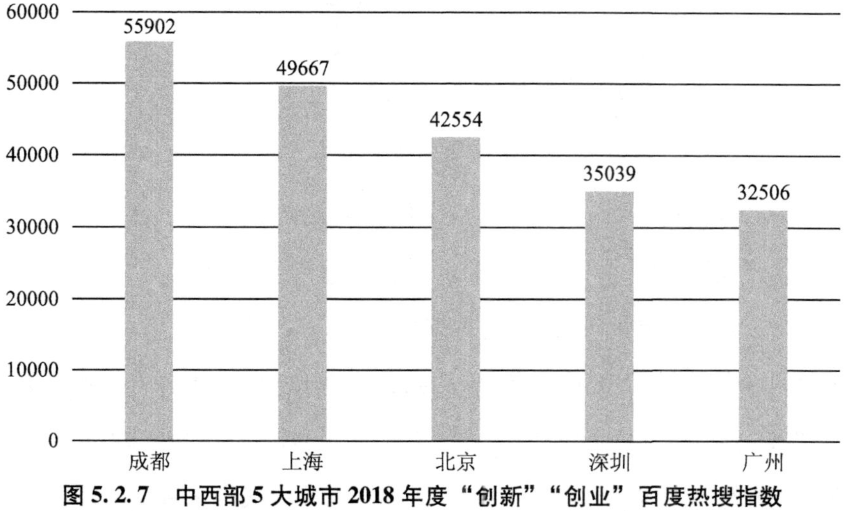

图 5.2.7　中西部 5 大城市 2018 年度“创新”“创业”百度热搜指数

各类高规格的创新创业以及金融相关的国际交流活动精彩纷呈，大大提升了成都创新创业发展的国内外影响力与交流合作深度。例如，成都市连续四年举办全球创新创业交易会、2017 年举办国际创业孵化峰会、2018 年举办亚信金融峰会、积极推动全球金融科技峰会永久性落户成都等等。可以说，成都已经成为我国创新创业发展的一片热土。

5.2.5 “双创”金融服务平台功能强大

目前，成都正积极推广交子金融“5+2”平台，通过五大中小微企业融资服务平台和两大金融生态保障平台整合资源，在全国率先探索构建了体系化、综合性、一站式的中小微企业创新创业投融资服务体系，如图 5.2.8 所示。

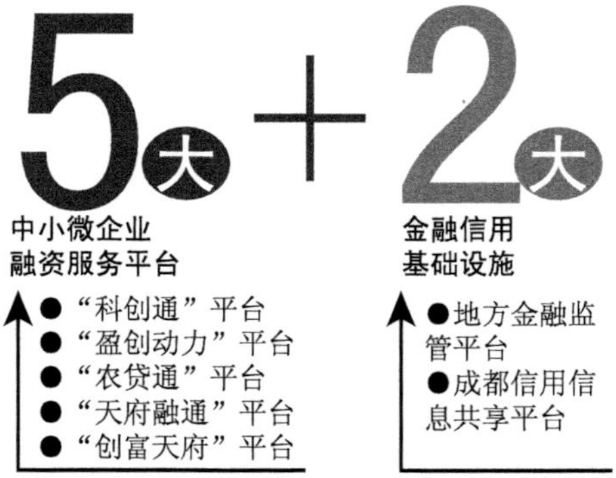

图 5.2.8　交子金融“5+2”平台

（1）“科创通”平台。平台通过创新财政投入方式，联合银行、担保、保险等机构面向科技型企业开发“科创”系列金融产品，探索“投资和贷款”“投资和保险”“贷款和补贴”“投资和补贴”等多方联动，致力于解决科技型中小微企业初创期融资难、融资贵问题。截至 2019 年 4 月底，科创通已集成了“双创”服务产品 1908 款、“双创”服务机构 691 家、入驻“双创”企业团队 28645 家（其中高新技术企业 3113 家、技术先进型服务企业 53 家）、“双创”载体 289 家、“双创”

导师 857 位、促成科技成果 2219 项、累计技术交易额达到 3978 亿元。

（2）“盈创动力”平台。“盈创动力”是成都高新区为探索科技金融改革创新于 2010 年成立的科技金融服务平台，致力为科技型中小微企业提供“一站式”投融资服务。2017 年 9 月，“盈创动力”平台获得国务院首批改革创新经验被全国推广。截至 2019 年 4 月底，盈创动力已累计服务中小企业共 12964 家、完成债权融资 5386 笔共计金额 436. 84 亿元、完成股权融资项目 406 个共计金额 72. 18 亿元、合作机构已经达到 622 家。

（3）“创富天府”平台。平台依托西部最大的基金产业聚集地——天府国际基金小镇，是集投融资信息、监管信息于一体的创投行业大数据云平台，实现了投资机构信息与创新创业项目信息共享。截至 2018 年底，“创富天府”平台已实现与成都上市后备企业库、科创通数据库、中小企业数据库等“双创”数据平台的数据互通互联，基本实现成都本地主要项目资源的全覆盖。

（4）“农贷通”平台。“农贷通”平台是全国农村金融改革背景下的成都原创成果，以“互联网线上平台+线下村级综合服务站”为载体，集融资对接、政策申办、农业产业、农村电商、信用体系、产权流转为一体。截至 2018 年底，该平台已入驻一级金融机构 92 家，发布金融产品超过 680 个，入库新型经营主体 28000 余户，采集涉农主体信息近 40 万户，累计放款 6864 笔，总放款金额达到 62. 14 亿元。

（5）“天府融通”平台。平台是中国人民银行成都分行在“数字央行”货币信贷数据监测分析平台上开发的在线融资对接平台。具体运作上，行业主管部门梳理汇总诚信企业项目融资需求信息，通过平台发布，并会同相关部门“几家抬”综合施策；同时加强后续金融服务跟踪监测，确保对接成果落到实处。截至 2018 年底，平台已推送 2444 户发挥脱贫带动作用的新型农业经营主体、700 个省级重点项目、3500 余个五大支柱产业支撑园区项目、124 个省级环保产业重点企业和项目、480 个中国制造 2025 四川行动项目、216 户成都市新经济企业等融资需求信息。

（6）成都信用信息共享平台。平台通过整合全市公共信用信息系统、市民信息管理系统的法人、自然人的信用信息，以“信用中国（四川成都）——成都信用网”为载体，依法依规向社会提供信用信息查询和披露服务。截至 2018 年底，成都市公共信用信息系统归集整合了 53 家市级职能部门和公共企事业单位掌握的基本信息、资质许可和信用行为等信息 8000 余万条，实现了成都市 227 余万户市场主体信息的全覆盖；成都市公民信息管理系统已归集 42 家单位 2 亿条个人信用数据，全面囊括居住、婚育、经营、纳税、社保等公民信息。

（7）地方金融监管平台。平台是成都高新区推出的地方金融监管系统，旨在实现对地方金融机构资金往来的全流程监管，以区块链技术为底层支撑，按照不同行业监管办法设置风险警告规则，对资金流动进行实时监控，判断企业是否存在可疑的关联交易、是否涉嫌从事违法违规活动，从而实现穿透式监管。目前，该平台正加速建设涵盖融资担保、小额贷款、典当行、商业保理、融资租赁等地方金融全业态的金融“监管沙箱”和创新业务测试平台。

5.2.6 突出支持金融科技创新创业

成都高度重视金融科技产业发展，在《建设西部金融中心行动计划》指出，到 2020 年，成都要建成面积 5 万平方米的金融科技孵化载体，聚集一批大数据、区块链、移动金融、数字征信等金融科技企业，力争到 2022 年，培育出 5～10 家在国内具有行业龙头地位的金融科技企业。

为此，成都专门发布了《关于支持金融科技产业创新发展的若干政策措施》，分别从加大招引力度、加强孵化培育、加大创新激励、强化融资支持、优化政务服务、完善配套服务、提升监管技术、健全工作机制等多个方面提出了对成都金融科技创新创业的扶持措施。

其中，特别突出了对技术创新及应用的奖励。对符合条件的金融科技类研发机构，一次性给予最高200万元的创新奖励；对符合条件的创新团队，最高给予5000万元的重大项目资助；对主持或参与国家、国际标准制定的机构，最高给予1000万元的技术奖励；对应用推广有贡献的企业，给予最高100万元的应用奖励。

同时，成都还创新性提出了国内首个金融科技企业分类认定标准。根据认定标准：从事金融科技的企业应主要运用区块链、物联网、人工智能、大数据、云计算、生物识别等相关技术提供服务，服务对象为资金最终使用方或金融机构，提供的服务包括智能信贷、信用甄别、风险管理、资产定价、市场营销、支付结算、智能投顾等且此类服务收入占企业主营收入不低于50%。

除此之外，成都还统筹设立了规模10亿元的市级金融科技产业投资基金，支持金融科技前沿成果运用，推动初创期、成长期金融科技企业发展壮大。以“交子金融梦工场”为代表的金融科技创新创业平台，提供全国最大的金融科技众创空间和覆盖产业全生命周期的金融科技生态服务体系，以期更好地培育孵化金融科技企业。

5.3 成都“双创”金融发展典型案例

多年来，成都“双创”金融发展历程中涌现出一批颇具亮点的发展实践，其中，“交子金融梦工场”和盈创动力科技金融服务平台是最为经典的两个案例。

5.3.1 交子金融梦工场

2016年7月，成都金融城公司与人行成都分行营管部、市金融办共同打造了国内首个金融业“双创”空间——“金融梦工场”，旨在抢占金融科技发展先机，巩固加强成都西部金融中心的竞争优势。我们曾在2017年5月发布的首期IEFI指数报告中对此作过介绍。两年来，“金融梦工场”发展迅速，已成为成都“双创”金融最闪亮的名片。

“金融梦工场”具有成为全球最大金融科技创新创业平台的潜力。截至2019年4月，“金融梦工场”已基本完成天府国际金融中心、交子金融科技中心、金融麦田共三期项目建设，如图5.3.1所示。其中，天府国际金融中心是国内首个以金融产业为主导业态的众创空间，于2016年11月投运，建筑面积0.7万平方米。交子金融科技中心定位为金融科技创新创业载体和国际“产学研”合作中心，于2018年7月投运，建筑面积5.2万平方米，可容纳150个团队。金融麦田由国内一流建筑大师设计，定位为金融科技产业加速与国际合作应用探索基地，预计2019年6月投运，建筑面积3.7万平方米，可容纳150个团队。目前，“金融梦工场”载体投运面积达到6万平方米，聚集超过130家金融科技企业和约2000名金融科技创业者。

图5.3.1 “金融梦工场”1至3期工程

“金融梦工场”已构建较为完备的金融科技产业生态服务体系。为了培育“融合、协同、共享”的产业生态环境，“金融梦工场”以企业为核心，联合监管机构、产学研机构、配套服务机构共同打造了金融科技产业生态服务体系。

在监管方面，接受人行、银保监局、证监局的指导，配合成都地方金融监管局，探索构建金融“沙盒”监管模式，加强金融风险监测预警和化解处置。同时，积极落实推广交子金融“5+2”平台相关要求，在交子金融科技中心设立“5+2”平台的宣传展示窗口，实现农贷通平台正式入驻。

在产学研合作方面，与卡斯商学院、清华、北大等7所国内外顶尖高校开展产学研合作。目前，梦工场汇聚了国务院特殊津贴专家、长江学者等高端人才共计25人。

在配套服务方面，为入驻企业提供监管协调、数据服务、品牌传播、应用场景、政务服务等五大特色生态服务。此外，聘请专业团队为入驻企业提供管理、财务、营销、人力、法律、知识产权等第三方专业服务。2018年以来，成功举办了中国人民银行金融网络安全论坛、澳新银行金融科技主题论坛、卡斯商学院成都金融科技前沿论坛等高规格行业会议以及金融大讲堂、融资路演、行业分享等各类“双创”活动200余场。

图 5.3.2　“金融梦工场”代表性金融科技企业

“金融梦工场”的金融科技企业创业孵化成效十分显著。截至2019年4月，“金融梦工场”已累计孵化了200多家金融科技企业，汇聚了一大批细分领域的优秀企业。其中，慧择科技连续两年入选毕马威中国金融科技50强。迅鳐科技和数融科技入选成都市新经济双百工程，其中，数融科技亦斩获中国金融科技创客大赛银奖。维信金科成为在港交所主板上市的第一家智能金融科技企业。享宇科技是国内首批通过金融风控类数据流通标准符合性测试的公司，位列中国信息通信研究院金融大数据企业排名第15位。这些企业正成为推动成都金融科技产业发展的新生力量，如图5.3.2所示。

“金融梦工场”的社会影响力和认可度持续提升。随着“金融梦工场”的高速发展，其得到了各级领导和社会各界的高度关注和广泛认可。2018年以来，“金融梦工场”完成重大接待任务100余项，其中，接待国家级领导1次，接待省部级领导25次，接待国际来宾20余次，接待行业同仁60余次。30余家国内外主流媒体对梦工场及入驻企业的报道超过300余次。可以说，“金融梦工场”已经成为成都“双创”金融发展最闪亮的名片。

5.3.2 盈创动力科技金融服务平台

为有效破解中小企业融资难题，探索科技金融创新，成都高新投资集团于2010年投资成立了盈创动力科技金融服务平台。盈创动力成立以来，在科技金融服务创新领域探索出一套值得推广借鉴的有效经验，于2017年9月成为国务院在全国推广的科技金融改革创新经验之一。截至2019年4月29日，盈创动力已累计服务中小企业共12964家、完成债权融资5386笔共计金额436.84亿元、完成股权融资项目406个共计金额72.18亿元、合作机构已经达到622家。

盈创动力的成功，归结于三个方面。

（1）构建起物理和信息“两大载体”。首先是物理载体，盈创动力目前已建立起以盈创动力大厦为代表，总计超过60000平方米的金融资源聚集物理空间，如图5.3.3所示。吸引了人民银行、交通银行、成都银行、农业银行、川藏股权交易中心、天府（四川）联合股票交易中心、成都生产力促进中心、美国凯雷投资、美国VIVO基金、韩国KTB基金等50余家金融机构和投融资服务机构入驻，注册资本超过100亿元，与近200家投融资机构建立起战略合作伙伴关系，聚集资金规模超500亿元。盈创动力周边已聚集3家省级分行、2家一级支行和3家二级支行。

其次是信息载体，目前已搭建完成成都高新区企业信用信息数据平台，入库企业超过万家，全面涵盖了企业基本信息、融资需求、发展动态、法律诉讼信息、经营状况、对外投资情况等内容。

图5.3.3　盈创动力科技金融大厦

（2）构建起“债权融资”“股权融资”和“增值服务”三大科技金融服务体系。在债权融资方面，与国家开发银行、中国进出口银行等政策性金融机构开展深入合作，目前已经开发了“统借统还”“成长贷”“新创贷”“科创贷”“壮大贷”“园保贷”等一系列科技金融产品，服务半径覆盖四川省，可以满足中小微企业不同成长阶段、不同规模、不同金额的融资服务需求，通过统借统还平台贷款、政策性融资产品、担保贷款、小额贷款等多种类型的金融服务产品，促进科技型中小企业债权融资服务再上新台阶，如图5.3.4所示。

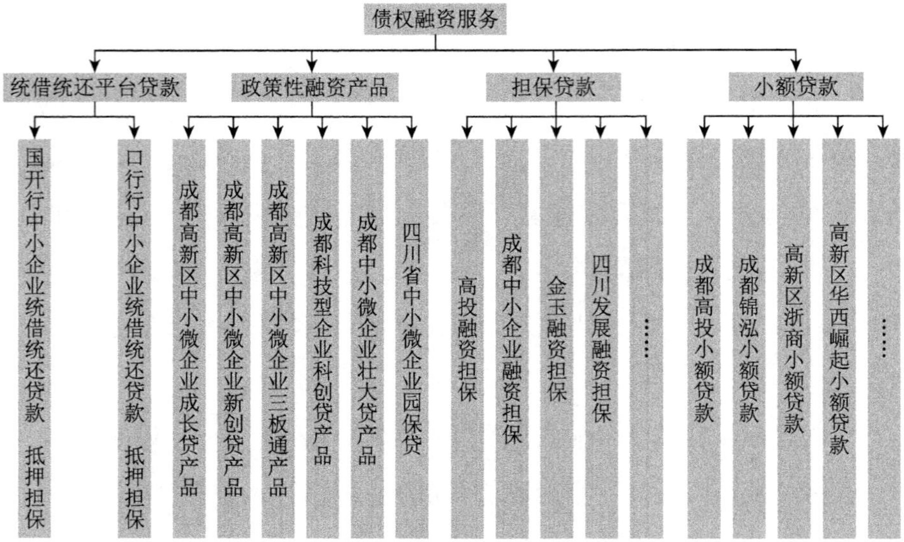

图5.3.4　盈创动力债权服务体系

在股权融资方面，整合政府、企业、机构等各方优势资源，与中国进出口银行、成都投控集团、凯雷投资等社会投资机构开展深入合作，已建立了包括天使投资、VC创业投资、PE私募基金和产业投资基金在内的全链条股权融资服务体系，其中由成都高新投资集团全资控股的高投创业主要覆盖企业种子初创期，由进出口银行、成都投控、成都高新投资集团联合控股的银科创投主要覆盖企业的成长期、扩张期，社会投资机构则主要覆盖企业的扩张期和成熟期，如图5.3.5所示。

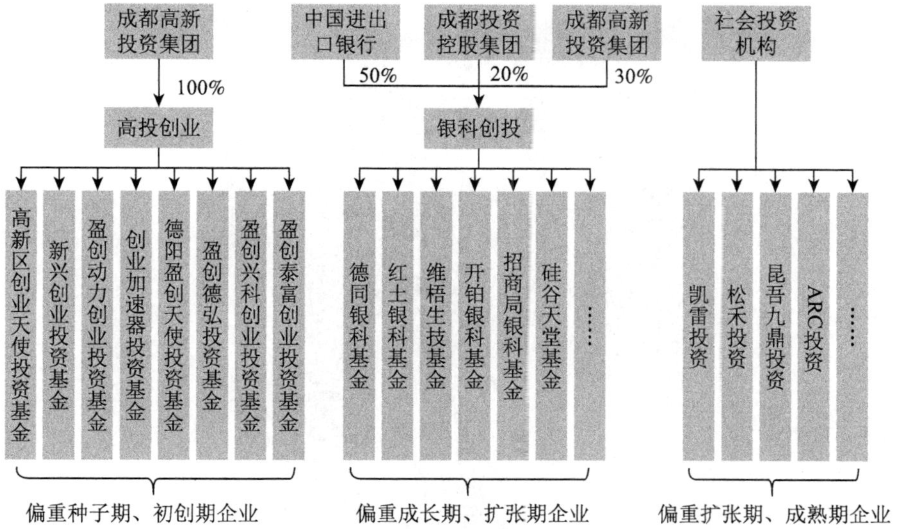

图 5.3.5　盈创动力股权服务体系

在增值服务方面，构建了创业辅导服务（政策咨询、创业孵化空间、创新创业大赛、“天府之星”企业培育计划）、信用信息服务（人民银行征信服务、科技中介服务、信用评级）、改制上市服务（上市路演、改制上市辅导服务、新三板企业改制服务）、融资中介服务（项目对接会、中小企业融资峰会、财富沙龙、财务顾问、股权融资顾问、债权融资顾问）、培训教育服务（中小企业投融资系列培训、四川省科技金融培训班、人才培训）等五大模块的专业化增值服务体系，有力提升了科技型中小企业自身营运能力，进一步促进了企业与资本的有效对接，如图 5.3.6 所示。

图 5.3.6　盈创动力增值服务体系

（3）打造了一个科技金融移动服务平台。为把握移动互联网时代特点，更进一步节约企业和金融机构的时间和金钱成本，盈创动力已率先上线“盈企汇”（面向中小企业的一站式投融资信息移动服务平台）APP。“盈企汇”APP 充分利用以区块链为核心的前沿科技，将“企业—政府—金融机构”的数据有机连接起来，打通了政务服务和金融服务的“最后一公里”，即企业不仅能在线上实现债权融资、股权融资等金融服务，也能实现政策申报、园区入驻、中介服务、融资辅导、产品及技术发布等企业服务。金融机构也能在线上实现一站式金融产品推介、企业征信查询和融资审核等金融服务，更有利于畅通投融资服务、节约投融资时间，更好地解决了中小企业融资难题。

5.4 发展展望及建议

2018年9月，国务院印发《关于推动创新创业高质量发展　打造“双创”升级版的意见》，提出打造“双创”升级版，推动形成大中小企业融合的创新创业新格局。这对金融体系服务“双创”能力提出更高要求。政府、金融机构和创新创业主体是“双创”金融发展的三个核心要素，建议成都从升级“双创”金融政策服务体系、升级“双创”金融机构服务能力、升级创新创业主体发展质量三方面，在全国率先打造“双创”金融升级版。

5.4.1 升级“双创”金融政策服务体系

在《中国“双创”金融指数报告（2018）》中，我们曾指出，“构建支持‘双创’事业发展的一站式金融服务生态将成为接下来的发展关键”。成都交子金融“5+2”平台正是构建一站式金融服务生态的有益实践。但是，这一体系能否高效支持“双创”发展还有待时间检验，其关键在于能否打破体制机制障碍，高效整合资源，为创新创业主体提供全生命周期覆盖的“双创”金融服务体系。为此，我们建议未来侧重关注以下几个方面：

一是政策应侧重战略引导，使“双创”金融服务注重开拓创新企业生命周期两端。引导金融机构加大力度服务初创型创新企业，通过种子投资、天使投资、小贷、众筹、担保等服务帮助初创型企业顺利度过“死亡谷”；引导金融机构通过并购重组和再融资等服务帮助成熟企业开展产业整合、提升产业效率。

二是政策应侧重杠杆放大。减少直接补贴类政策，充分发挥政府投资杠杆引导作用，利用创投引导基金、天使投资母基金、风险补偿基金、政策性融资担保基金等方式激活社会资本，引导更多社会资源投向科技创新企业。

三是政策应侧重网络集成。借鉴深圳市创业创新金融服务平台经验，整合政府相关政策、信用信息资源，解决中小微企业融资过程中“涉企信息碎片化、银企信息不对称、企业风险评估困难、授信审批流程长、惠企政策分散化”等“痛点”问题。

5.4.2 升级“双创”金融机构服务能力

金融机构是“双创”金融发展的核心主体，打造“双创”金融升级版的关键在于推动金融机构加快开展自我革新，升级“双创”金融服务能力，真正把“双创”金融业务作为自身盈利增长极。

一是鼓励金融机构创新业务模式。探索设立产业银行，深入服务跟踪特定产业链，构建专业化和差异化的产业服务能力；大力支持互联网银行发展，以新兴技术手段和批量化业务模式，大幅降低运营成本；支持银行、创投机构、科技小贷扩大投贷联动创新；支持担保机构开展“投保贷”联动创新；支持区域股权交易中心开展中小企业集合可转债创新；支持险企为中小企业知识产权融资提供保证保险服务；支持证券公司开展创新创业债业务。

二是支持金融机构提升专业能力。支持金融机构加快设立“双创”专营服务机构和专营团队，提升“双创”金融专业化经营水准；注重引进产业人才、技术人才，改变原来以财务、金融人才为主的人才结构；注重利用大数据、云计算、人工智能、区块链等先进技术，创新风险管理模式、降低交易成本、提高经营效率，实现“双创”金融商业可持续发展。

三是推动金融机构完善公司治理。以深化薪酬激励制度改革为重点，进一步设置科学合理的考评指标，建立薪酬与责任、风险、经营业绩相挂钩相平衡的考核机制，推动形成可持续发展导向、权责利对等的激励约束体系，引导管理人员和业务人员行为取向长期化。

5.4.3　升级创新创业主体发展质量

一个必须正视的现实是，许多“双创”主体在在团队质量、创新质量、产品质量上均层次较低，更有甚者，打着“双创”旗号刻意迎合政府偏好进行各种“假创新”“假人才”“假项目”，产生大量脱离市场的“双创”泡沫。这些问题很大程度上阻碍了我国金融体系对于“双创”事业的支持。

要打造“双创”金融升级版，就必须全面升级“双创”主体的发展质量，集聚培育真正高质量的创新企业。高质量创新企业的诞生符合大数定律，平均约5000家企业才能诞生1家上市公司。

一是要集聚大量创新创业活动，广泛吸引国内外有志人士来成都创新创业，做到“东西南北话‘双创’，聚首蓉城当蓉漂”。

二是科技创新政策要从需求侧与供给侧“双向发力”，加快完善政府采购制度，通过加大对重大创新产品和服务、核心关键技术的采购力度，扩大首购、订购等非招标方式的应用，从需求侧政策和市场竞争倒逼创新创业主体提升自主创新能力和产品服务质量。

三是要不断发扬“店小二”精神，对标国际高标准、高水平，努力打造世界一流的法制化、国际化、便利化的营商环境，让有潜力的创新企业得以脱颖而出。

附录一　指标说明

IEFI 从 5 个维度共选取了 17 组共计 57 项指标来综合反映中国“双创”金融发展的最新状况。其中，44 项客观指标选取了相对量来评估，均选用来自可获得的公开数据或第三方权威数据；13 项主观指标采用十分制评分法进行定量化。

1. “双创”金融机构

1.1　天使投资机构	
指标名称	1.1.1　天使投资机构数量
说明	以机构工商注册地为准
数据来源	清科私募通数据，截至 2018 年
指标名称	1.1.2　天使投资机构管理资金规模/亿美元
说明	当前只能根据清科数据库统计到有公开信息披露的机构信息
数据来源	清科私募通数据，截至 2018 年
1.2　创业投资机构	
指标名称	1.2.1　VC 投资机构数量
说明	以机构工商注册地为准
数据来源	清科私募通数据，截至 2018 年
指标名称	1.2.2　VC 投资机构管理资金规模/亿美元
说明	当前只能根据清科数据库统计到有公开信息披露的机构信息
数据来源	清科私募通数据，截至 2018 年

续表

1.3　股权投资机构	
指标名称	1.3.1　PE 投资机构数量
说明	以机构工商注册地为准
数据来源	清科私募通数据，截至 2018 年
指标名称	1.3.2　PE 投资机构管理资金规模/亿美元
说明	当前只能根据清科数据库统计到有公开信息披露的机构信息
数据来源	清科私募通数据，截至 2018 年
1.4　银行机构	
指标名称	1.4.1　商业银行支行数量
说明	用以衡量银行服务获取的便利度
数据来源	银保监会，截至 2019 年 4 月
指标名称	1.4.2　新型民营银行数
说明	正式开业运营的才计入所在城市机构数量
数据来源	银保监会，截至 2018 年底
指标名称	1.4.3　新型民营银行资产规模/亿元
说明	部分机构未公布财务数据，仅以注册资本替代
数据来源	银保监会，截至 2018 年底
1.5　地方金融服务机构	
指标名称	1.5.1　融资担保机构数
说明	只统计具备融资性担保业务资格的机构
数据来源	启信宝平台查询，截至 2019 年 4 月
指标名称	1.5.2　小额贷款机构数
说明	除直辖市外，其他城市均以所在省的全省统计口径作为替代数据
数据来源	中国人民银行，截至 2018 年底
指标名称	1.5.3　融资租赁机构数
说明	统计在商务部审批备案的机构
数据来源	全国融资租赁企业管理信息服务系统，截至 2019 年 4 月

2. “双创”金融服务

2.1　股权融资	
指标名称	2.1.1　年度股权投资案例数
说明	投资事件归属地统计以事件中获得投资的企业所在注册地为准
数据来源	清科私募通数据，截至 2018 年
指标名称	2.1.2　年度股权投资融资规模/亿元
说明	统计只涵盖了当年有公开交易数据披露的投资事件
数据来源	清科私募通数据，截至 2018 年
指标名称	2.1.3　年度境内股票市场融资规模/亿元
说明	包括 IPO、增发再融资等
数据来源	万得数据，截至 2018 年底
2.2　并购服务	
指标名称	2.2.1　年度并购次数
说明	投资事件归属地统计以事件中并购方所在注册地为准
数据来源	清科私募通数据，截至 2018 年
指标名称	2.2.2　年度并购规模/亿元
说明	统计只涵盖了当年有公开交易数据披露的并购事件
数据来源	清科私募通数据，截至 2018 年
2.3　债权融资	
指标名称	2.3.1　银行小微企业贷款余额/亿元
说明	部分未公布相应数据的城市，以所在省统计数据按比例推算
数据来源	各城市统计公报，截至 2018 年底
指标名称	2.3.2　小微企业贷款余额占贷款总额比重
说明	贷款总额指一个地区全社会本外币贷款余额
数据来源	各城市统计公报，截至 2018 年底
指标名称	2.3.3　小额贷款公司贷款余额/亿元
说明	除直辖市外，其他城市均以所在省的全省统计口径作为替代数据
数据来源	中国人民银行，截至 2018 年底
指标名称	2.3.4　一般贷款平均利率
说明	除直辖市外，其他城市均以所在省的全省统计口径作为替代数据
数据来源	中国人民银行，截至 2017 年底。

3. “双创”金融绩效

3.1　创业板上市	
指标名称	3.1.1　创业板上市公司数量
说明	上市公司上市时间以正式上市交易时间为准
数据来源	万得数据，截至2018年底
指标名称	3.1.2　创业板年度新增上市公司数（2017）
说明	相较上一年新增的上市公司数
数据来源	万得数据，截至2018年底
指标名称	3.1.3　创业板上市公司总市值/亿元
说明	以年末最后一个交易日收盘的市值计算
数据来源	万得数据，截至2018年底
3.2　新三板挂牌	
指标名称	3.2.1　新三板挂牌公司数量
说明	年末挂牌公司数量
数据来源	万得数据，截至2018年底
指标名称	3.2.2　新三板年度新增挂牌公司数
说明	相较上一年变化，包括摘牌的情况
数据来源	万得数据，截至2018年底
指标名称	3.2.3　新三板挂牌公司注册资本规模/亿元
说明	因部分新三板挂牌公司缺乏实际交易数据，以注册资本取代市值统计
数据来源	万得数据，截至2018年底
3.3　区域股权市场挂牌	
指标名称	3.3.1　区域股权挂牌公司数量
说明	统计各地方有公开信息的区域股权交易市场挂牌数据
数据来源	万得数据，截至2018年底
指标名称	3.3.2　区域股权挂牌公司注册资本规模/亿元
说明	统计各地方有公开信息的区域股权交易市场挂牌数据
数据来源	万得数据，截至2018年底

续表

3.4 “双创”成果	
指标名称	3.4.1 年末“独角兽”企业数
说明	根据科技部认定的标准统计
数据来源	国家科技部火炬中心，截至 2017 年底
指标名称	3.4.2 新增发明专利授权量
说明	部分城市数据存在更新不及时状况，以可获得的最新年度数据替代
数据来源	各城市 2018 年统计公报，截至 2018 年底

4. “双创”金融政策

4.1 “双创”金融机构发展扶持政策	
指标名称	4.1.1 私募股权投资机构政策
说明	主观指标，从引导基金、落户奖励、运营补贴、业务奖补、财税优惠、人才专项等6个方面评估政策支持内容
数据来源	地方政府网站，截至2019年4月
指标名称	4.1.2 非存款类放贷机构政策
说明	主观指标，从政策引导、落户奖励、运营补贴、业务奖补、财税优惠、行业支持等6个方面评估小额贷款公司的政策支持内容
数据来源	地方政府网站，截至2019年4月
指标名称	4.1.3 融资担保机构政策
说明	主观指标，从政策引导、落户奖励、运营补贴、业务奖补、财税优惠、行业支持等6个方面评估融资性担保公司的政策支持内容
数据来源	地方政府网站，截至2019年4月
指标名称	4.1.4 融资租赁机构政策
说明	主观指标，从政策引导、落户奖励、运营补贴、业务奖补、财税优惠、行业支持等6个方面评估融资租赁公司的政策支持内容
数据来源	地方政府网站，截至2019年4月
指标名称	4.1.5 创新型金融机构政策
说明	主观指标，主要指金融科技公司、互联网金融公司等新型服务机构，从政策引导、落户奖励、运营扶持、行业支持等4个方面评估政策支持内容
数据来源	地方政府网站，截至2019年4月
4.2 “双创”金融服务引导支持政策	
指标名称	4.2.1 间接融资支持政策
说明	主观指标，从贴息贴保、风险分担补偿、业务发展奖励、业务创新支持等方面评估地方政府在引导金融机构服务创新创业主体开展间接融资的政策支持力度

续表

数据来源	地方政府网站，截至 2019 年 4 月
指标名称	4.2.2　直接融资政策
说明	主观指标，从上市挂牌奖补、再融资奖励、债券融资奖励、股权融资奖励、中介服务引导等方面评估地方政府在引导金融机构服务创新创业主体开展直接融资的政策支持力度
数据来源	地方政府网站，截至 2019 年 4 月
指标名称	4.2.3　并购服务政策
说明	主观指标，从政策引导、融资支持、活动奖励、中介支持等方面评估地方政府在引导金融机构服务创新创业主体开展并购服务的政策支持力度
数据来源	地方政府网站，截至 2019 年 4 月
指标名称	4.2.4　专项保险服务政策
说明	主观指标，从小额贷款保证保险、科技保险、专项支持等方面评估地方政府在引导金融机构服务创新创业主体利用保险专项服务的政策支持力度
数据来源	地方政府网站，截至 2019 年 4 月
4.3　“双创”金融生态优化促进政策	
指标名称	4.3.1　“双创”金融服务平台
说明	主观指标，主要考察所在地方政府是否建立了面向“双创”主体金融服务需求的平台载体
数据来源	地方政府网站，截至 2019 年 4 月
指标名称	4.3.2　“双创”金融创新环境
说明	主观指标，用以评估地方政府在引导鼓励金融机构开发适合创新创业主体金融需求的服务促进力度，主要考察是否建立了专项金融创新奖励制度。
数据来源	地方政府网站，截至 2019 年 4 月
指标名称	4.3.3　地方财政支持力度
说明	主观指标，主要从地方财政科技支出的绝对规模评估地方政府支持创新创业发展方面的政策支持力度
数据来源	地方政府网站，截至 2019 年 4 月
指标名称	4.3.4　地方财政支持强度
说明	主观指标，从地方财政科技支出占公共财政支出比重的角度，评估地方政府在支持创新创业方面的财政支持强度
数据来源	地方政府网站，截至 2019 年 4 月

5. “双创”金融生态

5.1　创业活跃度	
指标名称	5.1.1　当年新设市场主体数
说明	包括私营企业、个体工商户
数据来源	各地方政府统计信息公布，截至 2018 年底
指标名称	5.1.2　当年新增商标注册件数
说明	以最终审批通过的注册为准
数据来源	国家工商总局，截至 2018 年底
指标名称	5.1.3　百度热搜指数
说明	通过百度热搜考察“创业”关键词与各地方的关联程度，以此反映所在地城市的创业活跃程度
数据来源	百度，截至 2018 年底
5.2　创新活跃度	
指标名称	5.2.1　国家高新技术企业数量
说明	以国家科技部审批通过的为准
数据来源	国家科技部、各地方政府统计公布，截至 2018 年底
指标名称	5.2.2　研发投入强度
说明	地方 R&D 经费投入与 GDP 的比值
数据来源	地方统计年鉴，截至 2017 年底
指标名称	5.2.3　新增发明专利申请量
说明	以申请量为统计标准
数据来源	国家知识产权局，截至 2018 年底
指标名称	5.2.4　SCI 论文发表数
说明	通过 Web of Science 官方索引查询
数据来源	Web of Science，截至 2018 年底
5.3　“双创”人才支撑	
指标名称	5.3.1　在校大学生数
说明	指普通高等院校的在校本科生和在校研究生数量之和
数据来源	地方统计年鉴，截至 2017 年底
指标名称	5.3.2　人口净增长数

续表

说明	以常住人口为口径，本年度总数减去上一年度总数获得
数据来源	地方统计公报、统计年鉴，截至 2018 年底
指标名称	5.3.3　科研人员数
说明	年末数量
数据来源	地方统计年鉴，截至 2017 年
5.4　专业中介服务	
指标名称	5.4.1　每万人注册会计师数
说明	以所在地注册会计师事务所的在册会计师人数加总，比上地方常住人口数
数据来源	中国注册会计师行业管理系统，截至 2019 年 4 月
指标名称	5.4.2　每万人执业律师数
说明	具备律师执业资格证的人数，比上地方常住人口数量
数据来源	12348 中国法网，截至 2018 年
指标名称	5.4.3　资产评估机构数
说明	年末机构数量
数据来源	中国资产评估协会，截至 2018 年

附录二　指标原始数据

一级指标	二级指标	三级指标	北京	上海	深圳	长春	大连	哈尔滨	沈阳	济南	青岛	石家庄	天津
“双创”金融机构	天使投资机构	机构数量	229	129	83	0	2	1	1	1	1	5	13
		管理资金规模/亿美元	217. 58	218. 50	19. 94	0. 00	0. 00	0. 00	0. 00	0. 00	0. 00	0. 00	0. 48
	VC 机构	机构数量	1498	1341	1146	20	58	57	30	34	70	44	129
		管理资金规模/亿美元	1658. 31	970. 11	975. 86	2. 30	17. 73	6. 48	0. 56	4. 29	11. 91	4. 85	41. 58
	PE 机构	机构数量	4681	3815	3197	108	96	71	91	193	207	182	497
		管理资金规模/亿美元	10926. 59	3410. 58	2180. 02	21. 81	7. 55	1. 60	38. 18	107. 65	74. 23	54. 81	405. 86
	银行机构	商业银行支行数量	3383	3312	1790	1064	1256	1126	1110	1049	1093	1104	2199
		新型民营银行数	1	1	1	1	0	0	1	0	0	0	1
		新型民营银行资产规模/亿元	91	391	817	120	0	0	37. 3	0	0	0	188. 6
	地方金融服务机构	融资担保机构数	70	61	115	56	110	80	47	37	57	23	45
		小额贷款机构数	104	125	460	488	499	243	499	322	322	430	95
		融资租赁机构数	225	2151	2505	0	84	3	6	39	130	3	2007

续表

一级指标	二级指标	三级指标	北京	上海	深圳	长春	大连	哈尔滨	沈阳	济南	青岛	石家庄	天津
"双创"金融服务	股权融资	年度股权投资案例数	1043	642	382	7	8	9	8	8	24	5	42
		年度股权投资融资规模/亿元	2368.06	1005.03	407.90	20.37	73.00	4.28	10.36	10.04	8.30	4.30	51.09
		年度境内股票市场融资规模/亿元	2380.61	610.43	1007.24	29.59	187.04	4.70	10.19	1.34	29.93	80.96	27.56
	并购服务	年度并购次数	296	286	212	13	14	10	18	21	55	7	57
		年度并购规模/亿元	3800.48	1201.42	1357.26	17.46	124.63	15.66	8.16	60.06	65.05	4.15	652.18
	债权融资	银行小微企业贷款余额/亿元	10749.50	11628.00	9439.00	2116.35	1712.30	1416.57	3026.10	3104.11	2654.10	2702.74	6540.00
		小微企业贷款余额占贷款总额比重	15.16%	15.66%	17.97%	18.84%	14.26%	12.79%	20.29%	17.16%	16.49%	26.57%	19.19%
		小额贷款公司贷款余额/亿元	152.42	223.82	773.41	104.32	291.38	107.51	291.38	480.51	480.51	244.35	128.52
		一般贷款平均利率	4.85%	5.56%	5.85%	6.12%	6.11%	6.24%	6.11%	5.51%	5.51%	6.73%	4.88%
"双创"金融绩效	创业板上市	上市公司数量	99	46	89	3	2	2	4	3	4	4	8
		年度新增上市公司数（2018）	2	0	7	0	0	0	0	0	0	0	0
		上市公司总市值/亿元	5876.93	2693.12	6173.85	116.60	54.62	27.48	258.46	73.68	312.06	136.11	299.66

续表

一级指标	二级指标	三级指标	北京	上海	深圳	长春	大连	哈尔滨	沈阳	济南	青岛	石家庄	天津
“双创”金融绩效	新三板挂牌	挂牌公司数量	1382	865	613	42	86	55	62	136	100	66	190
		年度新增挂牌公司数	45	44	23	1	2	2	4	5	9	6	15
		挂牌公司注册资本规模/亿元	1074.86	445.22	354.51	19.55	39.70	42.18	50.66	115.30	64.54	27.67	99.50
	区域股权市场挂牌	挂牌公司数量	5390	2252	4813	381	700	316	1057	332	1388	444	1073
		挂牌公司注册资本规模/亿元	909.86	418.02	1118.74	100.37	165.60	50.90	208.96	85.95	250.01	72.19	166.40
	“双创”成果	年末“独角兽”企业数	70	36	14	0	0	0	1	0	0	0	2
		新增发明专利授权量	48000	21331	21300	2607	2604	3635	3373	4887	6496	1351	5626
“双创”金融政策	“双创”金融机构发展扶持力度	私募股权投资机构	6.4	3.6	7.4	1.2	3.2	5.2	4.6	7.0	2.8	1.6	1.2
		非存款类放贷机构	0.0	2.2	1.6	2.2	3.6	0.0	0.0	3.0	0.0	0.0	0.0
		融资担保机构	3.4	2.2	2.2	0.8	3.6	0.0	1.4	3.2	1.8	0.8	2.6
		融资租赁机构	3.0	3.4	4.2	0.4	4.6	1.2	2.2	4.6	0.0	1.4	3.8
		创新型金融机构	6.0	0.0	6.2	0.0	2.4	0.0	0.0	0.0	0.0	0.0	1.8
	“双创”金融服务引导支持力度	间接融资	5.2	0.6	2.8	2.0	2.0	1.4	2.4	1.6	1.2	3.6	1.0
		直接融资	2.8	3.2	3.4	2.4	3.6	3.2	3.6	3.8	2.8	5.2	3.2
		并购服务	4.4	8.0	3.8	0.0	0.6	0.0	0.0	0.0	0.0	0.0	0.0
		专项保险服务	0.8	0.0	5.0	0.0	4.0	0.0	2.4	0.0	0.0	1.6	0.0

续表

一级指标	二级指标	三级指标	北京	上海	深圳	长春	大连	哈尔滨	沈阳	济南	青岛	石家庄	天津
“双创”金融政策	“双创”金融生态优化促进力度	“双创”金融服务平台	10.0	6.0	10.0	6.0	6.0	2.0	6.0	2.0	8.0	8.0	0.0
		“双创”金融创新环境	10.0	10.0	10.0	0.0	10.0	0.0	6.0	0.0	10.0	6.0	8.0
		地方财政支持力度	10.0	10.0	10.0	2.0	2.0	2.0	2.0	2.0	2.0	2.0	4.0
		地方财政支持强度	8.0	6.0	10.0	2.0	2.0	2.0	4.0	2.0	4.0	2.0	6.0
“双创”金融生态	创业活跃度	当年新设市场主体数	183300	399900	485000	145355	114100	145000	173000	188000	284000	194000	221100
		当年新增商标注册件数	389175	291732	326915	21693	18638	28308	28903	40435	47695	42135	41496
		百度热搜指数	42554	49667	35039	13861	22065	26851	18816	18740	27183	17977	24188
	创新活跃度	国家高新技术企业数量	20297	7668	10988	650	1200	614	847	1074	3112	729	5038
		研发投入强度	5.64%	4.00%	4.35%	0.73%	2.23%	1.52%	2.39%	2.57%	2.78%	1.98%	2.47%
		新增发明专利申请量	109000	62755	70000	6256	9924	9455	9872	13685	22518	3468	25652
		SCI 论文发表数	97969	47423	12051	11301	8493	54	9535	11113	11732	2814	16809
	“双创”人才支撑	在校大学生数量(万人)	89.30	66.64	9.67	49.13	32.95	61.83	45.92	54.44	34.62	47.60	57.50
		人口净增长数/万人	-16.50	5.45	49.83	-24.00		-7.10		13.88	10.43	7.17	2.73
		科研人员数量(万人)	39.73	18.35	28.14	2.99	5.17	4.34	5.25	8.48	7.99	2.90	16.56
	专业中介服务	每万人注册会计师数	6.0	2.7	2.4	1.7	1.6	1.6	1.6	2.7	1.1	1.3	1.3
		每万人执业律师数	14.4	10.5	10.3	2.4	5.5	2.0	5.2	7.5	5.7	3.8	4.8
		资产评估机构数	145	44	57	33	31	33	25	21	13	19	31

一级指标	二级指标	三级指标	长沙	合肥	南昌	武汉	郑州	成都	重庆	昆明	西安	南宁	乌鲁木齐
“双创”金融机构	●天使投资机构	机构数量	3	6	2	12	2	17	3	0	11	3	0
		管理资金规模/亿美元	0.00	0.60	0.00	0.00	0.00	0.30	0.56	0.00	8.16	0.00	0.00
	●VC 机构	机构数量	117	54	20	198	49	148	71	25	115	16	16
		管理资金规模/亿美元	100.04	4.33	0.86	52.97	11.88	19.18	8.17	2.16	36.87	8.76	3.96
	●PE 机构	机构数量	233	152	73	354	181	570	404	190	200	71	183
		管理资金规模/亿美元	57.13	125.36	21.60	128.10	25.23	65.72	66.88	23.78	43.27	23.94	5.24
	●银行机构	商业银行支行数量	1264	846	932	1449	1156	1936	2401	933	1781	748	660
		新型民营银行数	1	1	0	1	0	1	1	0	0	0	0
		新型民营银行资产规模/亿元	73.5	25.1	0	145.2	0	163	183.6	0	0	0	0
	●地方金融服务机构	融资担保机构数	77	38	18	131	114	113	131	254	84	59	54
		小额贷款机构数	126	436	198	278	247	293	274	242	267	308	275
		融资租赁机构数	2	20	1	10	4	16	82	7	23	2	0
“双创”金融服务	●股权融资	年度股权投资案例数	28	22	4	73	10	95	18	5	33	11	2
		年度股权投资融资规模/亿元	9.95	7.69	8.87	39.26	1.92	75.19	25.20	1.09	126.98	7.17	3.20
		年度境内股票市场融资规模/亿元	197.76	15.67	8.54	76.37	40.23	243.66	14.87	37.79	66.24	19.66	163.32

续表

一级指标	二级指标	三级指标	长沙	合肥	南昌	武汉	郑州	成都	重庆	昆明	西安	南宁	乌鲁木齐
“双创”金融服务	●并购服务	年度并购次数	24	38	16	26	13	47	18	11	17	6	14
		年度并购规模/亿元	135. 11	60. 03	83. 57	180. 33	56. 92	1264. 86	21. 89	17. 57	5. 05	14. 22	90. 77
	●债权融资	银行小微企业贷款余额/亿元	3961. 66	4595. 60	2093. 96	4171. 00	3381. 00	5268. 70	5268. 00	3064. 00	3669. 01	1333. 60	1096. 49
		小微企业贷款余额占贷款总额比重	21. 58%	33. 68%	17. 27%	14. 75%	15. 95%	16. 16%	16. 76%	18. 83%	18. 60%	11. 07%	15. 70%
		小额贷款公司贷款余额/亿元	103. 21	470. 82	233. 73	309. 01	221. 51	557. 17	1582. 78	116. 64	244. 59	467. 62	191. 45
		一般贷款平均利率	6. 16%	6. 02%	6. 06%	5. 32%	5. 93%	6. 05%	5. 88%	5. 65%	5. 73%	5. 81%	5. 56%
“双创”金融绩效	●创业板上市	上市公司数量	16	9	1	16	7	25	5	2	8	1	3
		年度新增上市公司数(2018)	1	0	0	1	0	2	0	0	0	0	0
		上市公司总市值/亿元	1490. 89	540. 10	18. 00	719. 15	228. 89	824. 26	748. 06	314. 44	232. 08	35. 26	110. 89
	●新三板挂牌	挂牌公司数量	120	88	42	243	139	209	128	63	139	30	31
		年度新增挂牌公司数	10	4	1	7	9	13	10	5	9	5	0
		挂牌公司注册资本规模/亿元	87. 04	49. 19	18. 40	113. 26	61. 85	100. 26	78. 46	42. 96	89. 61	12. 24	16. 73

续表

一级指标	二级指标	三级指标	长沙	合肥	南昌	武汉	郑州	成都	重庆	昆明	西安	南宁	乌鲁木齐
“双创”金融绩效	●区域股权市场挂牌	挂牌公司数量	1912	560	1182	1899	1743	985	1063	200	728	1645	396
		挂牌公司注册资本规模/亿元	240.20	87.34	171.96	297.33	248.58	273.82	254.39	31.28	287.22	290.26	83.58
	“双创”成果	年末“独角兽”企业数	0	0	0	5	0	1	0	0	0	0	0
		新增发明专利授权量	4823	5597	1147	8807	3192	8356	6570	1807	8096	1513	501
“双创”金融政策	“双创”金融机构发展扶持力度	私募股权投资机构	4.0	5.4	2.4	3.0	6.0	8.6	6.0	1.2	3.6	0.4	1.6
		非存款类放贷机构	2.8	0.0	0.0	1.2	1.2	6.4	3.8	1.6	3.2	2.4	0.0
		融资担保机构	2.2	1.8	2.6	0.0	0.8	4.8	2.6	0.4	3.8	1.8	0.0
		融资租赁机构	0.0	0.8	0.8	0.8	5.0	4.0	1.4	0.0	2.6	0.0	2.2
		创新型金融机构	0.0	0.0	0.0	0.0	0.0	10.0	0.0	0.0	2.4	3.0	0.0
	“双创”金融服务引导支持力度	间接融资	0.6	1.2	2.4	1.8	5.0	5.2	1.6	0.0	2.8	4.8	2.6
		直接融资	2.8	2.8	5.4	3.2	3.2	4.0	2.4	3.2	3.6	4.6	3.0
		并购服务	1.6	0.0	0.0	1.8	0.0	2.4	0.0	0.0	0.0	3.6	0.0
		专项保险服务	1.2	1.2	4.2	2.8	3.4	2.8	0.0	0.0	1.2	1.2	0.0
	“双创”金融生态优化促进力度	“双创”金融服务平台	10.0	8.0	8.0	2.0	10.0	10.0	6.0	6.0	0.0	0.0	0.0
		“双创”金融创新环境	10.0	6.0	0.0	0.0	0.0	0.0	0.0	6.0	2.0	0.0	0.0
		地方财政支持力度	2.0	2.0	2.0	4.0	2.0	2.0	2.0	2.0	2.0	2.0	2.0
		地方财政支持强度	2.0	10.0	6.0	10.0	4.0	4.0	2.0	4.0	6.0	2.0	4.0

续表

一级指标	二级指标	三级指标	长沙	合肥	南昌	武汉	郑州	成都	重庆	昆明	西安	南宁	乌鲁木齐
“双创”金融生态	●创业活跃度	当年新设市场主体数	170000	199300	79200	191200	252000	541000	412000	147000	543000	132600	46000
		当年新增商标注册件数	56019	40475	19345	64061	76604	101143	92694	32181	43205	18913	11177
		百度热搜指数	19087	20225	18227	28285	24837	55902	42223	19215	43711	18212	14584
	●创新活跃度	国家高新技术企业数量	1594	1666	619	2827	824	2473	1182	812	2139	451	283
		研发投入强度	1.63%	3.14%	1.62%	1.11%	1.74%	1.54%	1.87%	0.76%	4.82%	0.35%	0.47%
		新增发明专利申请量	18479	32831	6684	29095	26597	37929	22685	7169	26675	5156	2068
		SCI 论文发表数	15579	12633	5335	27479	7550	20438	12227	5502	24506	3063	2404
	“双创”人才支撑	在校大学生数量(万人)	64.56	65.92	63.79	94.77	93.50	81.74	86.36		23.08	42.67	18.84
		人口净增长数/万人	23.66	12.20	9.51	18.81	25.50	28.53	26.64	0.00	46.93	10.41	3.04
		科研人员数量(万人)	5.47	5.07	1.88	4.02	8.22	13.51	13.20	0.98	10.79	0.51	0.32
	专业中介服务	每万人注册会计师数	3.2	2.0	1.6	2.8	2.7	3.2	0.7	3.0	2.1	1.5	2.1
		每万人执业律师数	9.3	4.0	0.9	4.5	7.2	1.0	3.2	7.0	5.8	4.4	1.8
		资产评估机构数	32	19	17	22	38	58	52	39	28	28	24

附录三 “双创”金融政策评估指引

“双创”金融机构发展扶持力度	私募股权投资机构	产业引导基金（是否建立了面向行业专项引导基金）
		机构落户奖励（是否提供新设、引进以及增资等一次性奖励）
		运营成本补贴（是否提供办公用房成本补贴）
		业务投资奖补（是否提供业务风险补贴或者业务投资奖励）
		财税优惠政策（是否提供税收减免、返还奖励等政策）
	非存款类放贷机构	人才专项奖励（是否有面向私募行业人才的专项支持政策）
		专项政策引导（是否出台了面向该行业发展的专项政策文件）
		机构落户奖励（是否提供新设、引进以及增资等一次性奖励）
		运营成本补贴（是否提供办公用房成本补贴）
		业务经营奖补（是否提供业务风险补贴或者业务扶持奖励）
		财税优惠政策（是否提供税收优惠、发展奖励等政策）
		行业发展支持（是否支持金融机构相类似的待遇，放宽发展条件）
	融资担保机构	专项政策引导（是否出台了面向该行业发展的专项政策文件）
		机构落户奖励（是否提供新设、引进以及增资等一次性奖励）

续表

“双创”金融机构发展扶持力度	融资担保机构	运营成本补贴(是否提供办公用房成本补贴)
		业务经营奖补(是否提供业务风险补贴或者业务扶持奖励)
		财税优惠政策(是否提供税收优惠、发展奖励等政策)
		行业发展支持(是否支持金融机构相类似的待遇,放宽发展条件)
	融资租赁机构	专项政策引导(是否出台了面向该行业发展的专项政策文件)
		机构落户奖励(是否提供新设、引进以及增资等一次性奖励)
		运营成本补贴(是否提供办公用房成本补贴)
		业务经营奖补(是否提供业务风险补贴或者业务扶持奖励)
		财税优惠政策(是否提供税收优惠、发展奖励等政策)
		行业发展支持(是否支持金融机构相类似的待遇,放宽发展条件)
	创新型金融机构	专项政策引导(是否出台了面向该行业发展的专项政策文件)
		机构落户奖励(是否提供新设、引进以及增资等一次性奖励)
		经营发展扶持(是否针对业务经营提供成本补贴、奖励扶持)
		行业发展支持(是否支持金融机构相类似的待遇,放宽发展条件)
“双创”金融服务引导支持力度	间接融资	贷款贴息贴保(是否出台了支持与“双创”活动相关信贷服务产品的利息、担保费等补贴政策)
		风险分担补偿(是否提供针对“双创”活动相关信贷服务产品的风险分担和补偿政策)
		业务发展奖励(是否对信贷服务优秀的组织或个人提供奖励)
		创新业务支持(是否有针对投贷联动业务的专项扶持措施)

续表

“双创”金融服务引导支持力度	直接融资	上市奖补（针对企业上市前后提供的补贴和奖励）
		挂牌奖补（针对企业挂牌前后提供的补贴和奖励）
		再融资奖励（针对已上市挂牌企业再次融资的奖励措施）
		债券融资奖励（是否制定了促进企业开展债券融资的奖励措施）
		股权融资奖励（是否有支持企业利用股权开展私募融资的奖励措施）
		中介服务奖励（是否有针对上市挂牌过程中的法律、审计、辅导等机构的鼓励措施）
	并购服务	专项政策引导
		并购融资支持
		并购活动奖励
		中介服务支持
	专项保险服务	小额贷款保证保险奖励扶持
		科技保险奖励扶持
		保险服务专项支持
“双创”金融生态优化促进力度	“双创”金融服务平台	专项金融服务平台（是否具备促进“双创”企业获取金融服务的平台）
	“双创”金融创新环境	金融创新奖（是否制定了促进金融创新的专项奖励政策）
	地方财政支持力度	地方财政科技支出规模/亿元
	地方财政支持强度	地方科技支出占公共财政支出比重

后　记

中国“双创”金融指数（IEFI）的编制得到了中国（深圳）综合开发研究院各级领导和同事的大力支持，在此致以衷心感谢。此外，江西大学博士生肖钦、加拿大多伦多大学本科生季隆展参与了本期的数据收集、资料整理和文字编写工作，在此一并表示感谢。

参与本书编制工作的核心研究人员包括：张建森、余凌曲、刘国宏、胡彩梅、张祥、余鹏、张佩、梁姣姣、彭晓钊、陈材杰等。

在 IEFI 评价过程中，准确获取各城市统计数据是编制工作遇到的最大困难，一些城市统计年鉴的出版时间滞后，也直接影响本书的发布时间的及时性。为了更及时地获取数据并听取社会各界对本书的意见，我们衷心希望各城市的统计部门和金融主管部门能够积极参与指数评价工作，提出宝贵的意见，同时也欢迎相关专业人士加入本书的编委会，以便更好地推进指数编制工作。